단재 신채호와
화북지역의 독립운동가들

박상일(朴商一)

인하대학교에서 정치외교학을 수학했으며, 수교 전인 1985년부터 4년간 서울 마포에서 대만 사범으로부터 중국무술을 배우며 중국에 관심을 가지기 시작하였다. 군에서 중국어를 독학하고, 제대 후 1996년과 97년에 걸쳐 세 차례 중국 배낭여행을 하며 30여 도시를 돌아보았으며, 이후 현재까지 중국 300여 도시를 여행하였다. 2001년부터 북경에서 소프트웨어 회사 주재원으로 근무하기 시작했으며, 이후 삼성전자 물류총괄 쑤저우, 상하이, 베이징 물류 소장으로 근무하다 2008년 북경로하스유한공사를 창업해 현재까지 사장으로 근무 중이다.

평소 고대사와 근현대사를 아우르는 한중의 역사를 공부하고 답사하기를 이어가던 중, 2016년 10월 '북경단재루트 버전 1.0'을 완성하였다. 이후 북경 교민을 상대로 한 중국 내 독립운동사적 답사와 시민 강의를 이어가고 있으며, 국내 언론사의 신문기사 및 뉴스 보도, 다큐멘터리 제작 등을 지원하고 있다.

단재 신채호와 화북지역의 독립운동가들

초판 인쇄 2021년 8월 10일
초판 발행 2021년 8월 15일

지은이 박상일 | **교정교열** 정난진 | **펴낸이** 이찬규
펴낸곳 북코리아 | **등록번호** 제03-01240호
주소 13209 경기도 성남시 중원구 사기막골로45번길 14 우림2차 A동 1007호
전화 02-704-7840 | **팩스** 02-704-7848
이메일 sunhaksa@korea.com | **홈페이지** www.북코리아.kr
ISBN 978-89-6324-772-4 03910
값 25,000원

華北

단재 신채호와 화북지역의 독립운동가들

박상일 지음

내몽고자치구

하북성 河北省

북경 北京

천진 天津

산서성 山西省

북코리아

북경지역 독립운동사 연구에 박차를 가하는 계기가 되길

박상일 선생께서 지난 10여 년간 문헌을 조사하고 발로 뛰면서 쓰신 『단재 신채호와 화북지역의 독립운동가들』이 발간되어 충심으로 축하드리고, 그동안 쏟아부은 열정과 노고에 경의를 표합니다.

처음에 박 선생을 만나게 된 것은 2019년 7월 연구한 내용을 요약한 지도를 가지고 제가 상임이사를 맡고 있는 우당이회영선생기념사업회를 방문했을 때입니다. 그 지도에는 우당의 북경 행적 중 알려지지 않은 새로운 장소를 검증한 자료를 포함하고 있어 놀라웠습니다.

북경지역은 한국 민족운동사상 아주 중요한 의미를 가집니다. 북경은 20세기 전반기 동북아 국제정치의 중심지였고, 한인에게는 국내와 만주, 상해를 비롯한 중국 관내 여러 지역을 연결하는 교통의 요지였습니다. 또한 우리나라가 서양의 신사상과 신문화를 수용하는 통로였습니다. 1920년대부터 한국 유학생과 독립운동가들이 사회단체와 정치단체를 만들어 한인을 계몽하면서, 대한민국임시정부의 변혁을 촉구하고, 민족 유일당운동을 추진했던 곳입니다. 특히 독립운동가들이 독립운동 사상으로 아나키즘(無政府主義)을 받아들여 독립운동의 체계적인 논리를 세우고, 이를 기반으로 의열투쟁의 당위성을 정립하여, 기지가 되었던 곳이기도 합니다.

그러나 우리는 아직도 우리 독립운동사에서 북경지역의 위상과 가치를 제대로 세우지 못하고 있습니다. 상해 임시정부나 간도 연해주 등의 무장투쟁은 어느 정도 정립되었으나 북경을 중심으로 한 독립운동의 역사를 제대로 연구하지 못하여 아쉽고, 안타까운 생각이 듭니다.

이런 엄중한 시기에 박상일 선생이 자신의 사업을 영위하면서도 투철한 애국심과 독립운동에 대한 열정으로 유학생과 뜻있는 동포들과 함께 문헌을 조사하고 관련된 유적지를 답사하면서 발로 뛰는 자료집을 발간하게 되어 학계를 비롯한 국내 각계각층에 크게 경종을 울릴 것으로 확신합니다.

2022년이면 대한민국과 중화인민공화국이 수교한 지 30주년이 되는 해입니다. 수교 이전에는 자유왕래와 교류가 어려워서 제대로 연구할 환경과 여건이 갖춰지지 않았지만 해방된 지 76년이 지나고 수교 30년이 되었으니, 이제는 북경을 중심으로 한 독립운동사 연구에 박차를 가해야 할 때입니다.

그런 취지에서 이번 『단재 신채호와 화북지역의 독립운동가들』 자료집 발간이 독립운동사 연구에 박차를 가하는 계기가 되기를 소망합니다. 또한 독립운동사에 관심이 많은 분들이 북경 중심의 독립운동의 실제를 이해하는 데 길잡이가 될 것으로 믿고, 적극 추천하는 바입니다.

대단히 감사합니다.

2021년 4월
사단법인 우당이회영선생기념사업회 상임이사
신흥무관학교기념사업회 공동대표
황 원 섭

나라를 빼앗긴 이들의 자취를 찾아 교훈으로 삼아야

출간을 축하합니다. 이 책은 국가가 예산을 세워 해야 할 과제를 대신한 연구서이고, 친절한 여행 안내서이며, 항일운동 선구자들의 삶을 꼼꼼하게 찾아 발로 쓴 보고서입니다.

그간 북경과 동북지역, 상해 등 중국 내 항일운동 유적지를 돌아보면서 절실하게 느껴왔던 '무언가 부족함'의 실체를 알기 위해 누군가 노력하는 사람들이 있다는 것을 알게 되었지만 그저 '다행스럽다'고만 생각했습니다. 동호회 수준으로 북경과 인근의 유적답사 활동을 벌이며 제작했다고 하는 '북경 단재 루트' 지도를 보았을 때도 그런 느낌을 받았다는 것을 고백합니다.

그러나 2020년 겨울 박상일 선생이 보내준 장문의 메일을 받으면서 3년 전 북경의 한 호텔 로비에서 만났던 그를 다시 생각하게 되었습니다. 그제서야 나는 그의 진정함을 보게 되었습니다. 미안합니다. 국내의 많은 연구자와 국가의 기관 단체가 나서서 함께했어야 하는 사업이었기에 더욱 그렇습니다.

제 집을 강도에게 빼앗기고 낯선 땅으로 내몰려 살아야 했던 힘없는 사람들의 신산한 삶이 일본에 나라를 빼앗긴 우리 민족의 아픔과 겹쳐져 느껴집니다. 고통 속에서 뼈를 깎고 붓을 고쳐 잡던 이국땅 북경! 그들의 자취를 찾아 교훈으로 삼고자 하는 박 선생 같은 분의 노력이 없었다면 민족정신은 끝내 사라지고 말 것을 압니다. 감사합니다. 이 책을 들고 중국 땅을 찾을 젊은이들과 함께 애쓰신 박상일 선생에게 큰 박수를 보냅니다.

2021년 2월
사단법인 단재신채호선생기념사업회 공동대표
윤 석 위

북경에는 한국인이 둘러보아야 할 곳이 또 있다

오래전에 북경에 산다는 한 한국인의 메일을 받은 적이 있었다. 역사에 관심이 많은 사람으로 북경에서 사업을 하는 사람이라고 자신을 소개했다.

필자는 항공대로 오기 전에 심양시에 있는 요녕대학(遙寧大學) 한국학과 교수로 있었다. 한국 문화와 사상의 원류를 찾는 것이 주된 분야였기에 만주 일대를 거의 매주 답사를 다녔다. 그러다가 만주 일대에서 1980년대 초부터 본격적으로 전모를 드러내기 시작한 '홍산문화(紅山文化: BC 4,500~BC 3,000)'를 만나게 되었다. 이 일대는 1995년 중국학자 곽대순(郭大順)에 의해 '요하문명(遼河文明)'으로 명명되었다.

한국에 돌아온 이후 요하문명에 대해 국내에 처음으로 소개했고 답사도 매년 이어졌다. 이미 요하문명을 소개하는 책을 여러 권 출간했다. 2014~2015년에는 홍산문화 연구의 중심지인 내몽고 적봉시 적봉학원(赤峰學院: Chifeng Univ.)에서 안식년을 보냈다.

메일로만 소식을 주고받던 박상일 선생을 처음 만난 것이 안식년으로 적봉에 머물 때였다. 그 이후로는 방학 때 답사를 함께 다니기도 했고, 함께하지 못할 때는 귀국길에 북경에서 만나 술잔을 기울이며 많은 이야기를 나누었다.

처음 대면했을 때 그는 단재 신채호 선생이 북경에서 활동할 때 연결되는 장소들을 일일이 찾아서 고증하고 답사하면서 '북경 단재 루트'를 만들고 있었다. 그 세세한 고증과 발품을 판 사진 자료에 너무도 놀랐던 기억이 지금도 생생하다. 필자가 만난 박상일 선생은 단순히 역사에 관심이 많은 일반인이 아니었다. 중국어에도 능통하고, 상고사부터 근현대사까지 폭넓은 관심과 지식을 지니고 있었다.

박 선생은 2016년 '북경 단재 루트'라는 지도를 만들었고, 2018년부터는 북경

교민을 대상으로 단재 루트 답사를 시작했다. 한국 여행자들을 대상으로 단재를 비롯한 여러 독립운동가의 사적을 답사하는 프로그램을 만든 것도, 북경 교민에게 '북경 독립운동사' 강좌를 연 것도 그때였다.

출발은 단재 선생이었지만, 그의 관심은 북경을 무대로 활동했던 많은 독립운동가의 흔적을 찾는 것으로 확대되었다. 이 책을 읽는 사람들은 박 선생의 꼼꼼한 고증과 발로 뛴 노고에 필자가 느낀 놀라움을 똑같이 느낄 것이라고 본다.

2019년 여름방학, 필자는 20년째 계속해온 요하문명 답사를 떠났다. 이번에도 혼자였다. 그런데 박 선생이 놀라운 소식을 전하며, 북경에 며칠 일찍 오란다. 「북경일보(北京日報, Peking Yih Pao)」의 일부가 마이크로필름으로 국가도서관에 보관되어 있다는 것이다. 일정을 단축하고 북경으로 달려갔다.

필자의 석사논문은 「단재 신채호 애국계몽사상의 전개 과정에 대한 연구(1905-1910)」였다. 단재 선생에 관해 연구하는 사람들은 다 겪는 어려움이지만, 북경 시절 단재 선생이 많은 글을 기고했다는 「북경일보」는 그동안 실체를 못 찾고 있었다.

둘이서 확인한 「北京日報」의 영문은 'Peking Yih Pao'로 ① 김규식이 하와이의 박용만에게 보낸 편지에 동봉했다는 「북경일보(Peking Daily News)」와 같은 것인지, ② 「Peking Yih Pao」나 「Peking Daily News」라는 영자 신문이 따로 있었는지 등 새로운 연구거리를 던져주었다.

「북경일보(北京日報, Peking Yih Pao)」, 중화민국 7년(1918) 2월 8일자

2019년 7월 28일 오전 우리는 중국 국가박물관으로 달려갔다. 「북경일보」 마이크로필름에서 단재의 기고문을 찾기 시작했지만, 알려진 이름이나 호 등으로는 찾을 수 없었다. 그래서 논설이나 기고문 형식의 글은 모두 내용을 일일이 확인해서 단재 선생이 썼을 만한 것인지 확인해갔다. 문을 닫을 때까지 많은 자료를 살펴보았지만, 아쉽게도 단재 선생의 글이라고 할

만한 글을 발견하지 못했다.

아직 국가도서관에 보관된 「북경일보」 전체를 살펴보지 못했기에 희망은 남아 있다. 겨울방학을 고대하며 아쉬움을 삼켰다. 그런데 2019년 말부터 코로나 사태로 중국에 들어갈 수 없었다. 비행기표와 호텔까지 예약했지만 모두 환불받았다. 코로나가 진정되면 둘이 해야 할 최우선 과제다.

국내 학자들 가운데 북경 일대 독립운동가의 흔적을 찾기 위해 박 선생처럼 많은 시간과 노력을 투자한 사람이 있을까? 그는 지금도 시간만 나면 곳곳에 있는 흔적과 작은 박물관도 뒤지고 다닌다. 이 책은 그의 땀과 노력이 얼마나 대단한지 한눈에 볼 수 있는, 다시 나오기 힘든 역작이다.

저자도 이야기하고 있지만, 중국에서의 독립운동은 ① 외교적 전략을 중심으로 한 상해 임시정부 계통의 '드러난 독립운동'과 ② 무장투쟁과 연결된 북경-하북성-만주-연해주 지역의 '드러나지 않은 독립운동'이 있었다. 특히 북경지역은 시선이 집중되는 곳이라 모두 은밀하게 움직였고, 그들의 흔적을 찾기는 그만큼 어렵다. 그래서 이 책에서 박 선생이 발로 뛰며 찾아낸 것들이 더 귀하고 값진 것이다.

북경을 여행하는 한국인은 많다. 대부분 자금성, 팔달령 장성, 이화원, 왕부정, 유리창 등을 둘러보고 간다. 이 책은 북경에 한국인이 보아야 할 또 다른 곳이 있다고 이야기하고 있다. 이제는 북경을 찾는 한국인이 이 책을 들고 소개된 몇 곳이라도 둘러보면 좋겠다. 조국의 독립을 위해 곳곳에서 숨죽여 지내며 동녘 고국 하늘을 바라보며 눈물을 흘리면서도 두 주먹을 불끈 쥐었을 그들을 기억하는 사람들이 많아졌으면 좋겠다. 이 책이 그런 역할을 할 것이라고 믿는다.

2021년 3월
가온누리재에서
한국항공대학교 인문자연학부 교수
우 실 하

서문

100년 전 독립운동 당시 북경의 독립운동 정신은 상해의 그것과 사뭇 달랐다. 상해의 독립운동은 서양사람들이 독립을 시켜주기를 바라는 바로 그 노선이었기에 망명지에 조선인도 필요 없었고, 타도의 대상이 되는 일본 군인도 필요 없었다. 임시정부가 상해에 세워진 이유다.

하지만 북경과 하북성에는 만주, 연해주와 끊임없이 소통하며 무력을 수단으로 압록강을 넘어 본토로 진격하고자 하는 독립운동의 노선이 있었다. 우리는 이를 '무장투쟁'이라 부른다. 상해의 독립운동이란 결국 편지를 쓰는 것이었기에 대통령 이승만은 상해에 있어도 미국에 있어도 별 상관이 없었다.

독립은 주어지는 것이 아니라 쟁취하는 것이다. 하지만 상해의 노선이란 외국에 빼앗긴 나라를 또 다른 외국의 힘을 빌려 찾고자 하는 것이었다. 이것이 임시정부가 세워진 지 21년 후에야 광복군이 생긴 이유다. 결국 그 소원대로 되었고, 남북은 분단되었다.

임시정부가 하나의 명령체계 아래 독립운동 부대를 지휘하는 것은 너무도 당연하고 상식적인 일이다. 하지만 우리는 그러한 지휘계통을 가져본 적이 없다. 아니, 어쩌면 그것을 거부했다. 이들에게 독립은 '주어지는' 것이었기 때문이다.

결국 세대와 이념 차이를 극복하지 못한 독립운동은 해방이 되던 마지막 날 하나의 명령체계 안에 있지 못했다. 그런 이유로 이들은 개인 자격으로 귀국했고, 각지에 흩어진 독립운동의 세력들은 일부는 남으로, 일부는 북으로 귀국함으로써 다시 한국전쟁의 불씨를 낳았다.

우리는 이제, 그동안 색깔마저 덧씌워져 잊히기를 강요당했던 북경과 하북성의 무장투쟁 노선을 다시 생각해야 한다. 신채호가, 이회영이, 조성환이, 김원봉이, 그리고 류자명이 꿈꾸었던 독립이란 어떤 것이었는가.

우리는 이제 북경과 하북성에 주목해야 한다. 그 잊히고 도외시되어온 그들의 역사를 있는 그대로 되새겨야 한다. 그리고 이들을 기억해야 한다. 그 길에 여러분이 동참해주실 것을, 그래서 북경과 하북성이 상해, 중경, 만주를 넘어 대한민국 독립운동사의 4대 성지가 되기를 간절히 바라마지 않는다.

마지막으로 이 원고가 책으로 나올 수 있도록 아낌없는 격려와 재정적 지원을 해주신 독립운동가 정학빈(가명 정유린) 여사의 손자이신 북경멈스환보과기유한공사의 김상진 회장님과 북코리아의 이찬규 대표님, 김수진 과장님께 감사의 말씀을 드린다.

2020년 3월
북경 병상에 누워
박상일

목차

1. 북경 단재 루트

2. 북경의 독립운동 사적

3. 활동 장소가 확인되지 않은 북경의 독립운동가들

4. 하북성의 독립운동 사적

부록

1

북경 단재 루트

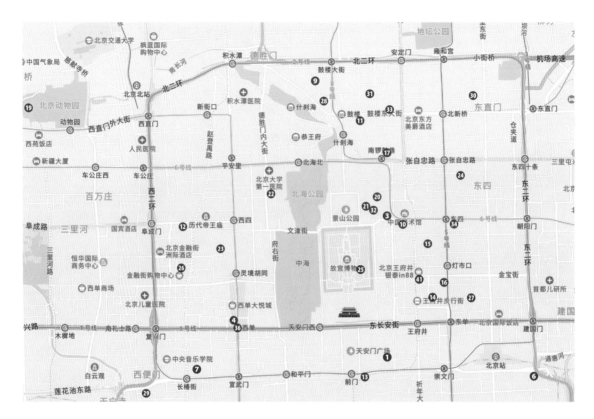

❶ 최고인민법원(最高人民法院)
❸ 신문화운동기념관(新文化运动纪念馆)
❹ 서단사거리 인근
❻ 호국태평궁비(護國太平宮碑) 동북쪽
❼ 석등호동(石灯胡同) 13호 및 일대
❾ 소석교호동(小石橋胡同) 7호
❿ 취화호동(翠花胡同)
⓫ 후고루원호동(后鼓楼苑胡同)
⓬ 금십방가(錦什坊街) 21호
⓭ 중국철도박물관
⓮ 협화의학원(协和医学院) 및
　협화의원(协和医院)

⓯ 기독교공리회구지(基督教公理会旧址)
⓰ 중화성경회구지(中华圣经会旧址)
⓱ 초두호동(炒豆胡同)
⓳ 북경동물원 내 창관루(畅观楼)와
　창춘당(鬯春堂)
⓴ 삼안정호동(三眼井胡同)의 동쪽 일부
㉑ 사탄후가(沙滩后街) 55호 및 일대
㉒ 모옥호동(茅屋胡同)
㉓ 병마사호동(兵马司胡同)
㉔ 동사칠조(东四七条)
㉕ 자금성(紫禁城) 내 문연각(文淵閣)
㉖ 금성방가(金城坊街)

㉗ 외교부가(外交部街)
㉘ 대흑호호동(大黑虎胡同)
㉙ 서변문(西便门) 남쪽 대성광장(大成广场)
㉚ 북신교3조(北新桥三条)
㉛ 화풍호동(华丰胡同)
㉜ 사탄후가 원 북경대학 수학계루(數學系樓)
　인근
㉝ 소경창호동(小经厂胡同)
㉞ 조양문내대가(朝阳门内大街)
㊱ 서단사거리 인근
㊶ 신동안시장(新东安市场)

24

'북경 단재 루트(route)'는 단재 신채호(丹齋 申采浩, 1880~1936, 건국훈장 대통령장, 이하 단재) 선생의 1910년부터 1928년까지 독립운동을 위한 망명 생활 중 북경에 머물렀던 1915년부터 1928년까지 13년간의 행적을 추적하여 연도별로 정리한 것을 말하며, 2016년 10월 Ver.1.0을 만들면서 필자가 명명한 것이다.

신채호(申采浩, 호 단재丹齋,
1880~1936, 건국훈장 대통령장)

단재는 1910년 독립운동을 위해 조국을 떠나 청도(青島), 블라디보스토크(海蔘威), 서간도(西間島), 북간도(北間島), 상해(上海) 등지에서 그 뜻을 펼쳤다. 그리고 18년의 망명생활 중 가장 오랜 기간인 13년간 북경에 머물렀다. 하지만 이 사실을 아는 우리 국민은 거의 없다. 해방 후 우리는 여러 이유로 수많은 독립운동사의 편린(片鱗)들을 기록하지 못했고, 자랑스러워하지 못했으며, 후손에게 가르치지 못했다.

필자는 북경에 사는 한국인이자 평범한 시민으로서, 현장에 가까이 있어 손이 닿는 역사의 한 인물과 그 편린에 대해 그간 파헤친 부분을 정리하고자 한다.

지난 5년간 단재의 흔적을 찾아 한국과 중국의 손에 닿는 모든 문헌을 뒤지고, 옛 지도와 현재 지도의 교차 비교, 현장답사와 탐문, 그리고 기록과 지도에 표시하는 것으로 직접 명명한 '북경 단재 루트'를 정리해낼 수 있었다. 하지만 이 작업은 아직 끝나지 않았다. 현재도 새로운 문헌을 끊임없이 탐색 중이며, 언제 어느 논문, 어느 밀정자료 한 구석에서 주소 한 줄을 찾아 추가하게 될지 모른다.

취미로 시작한 이 작업 끝에 필자는 어느덧 '신채호주의자'가 되었다. 필자의 이 작업이 뜻 있는 북경 답사객들의 길 안내가 되고, 단재를 연구하는 후학들께 작은 도움이 되기를 바란다.

❶ 최고인민법원(最高人民法院)

당시 러시아공사관 / 단재 신채호의 러시아 비자 발급 등

대각선으로 바라본 최고인민법원. 국가 1급 시설이어서 정문이 아닌 사거리 건너에서 촬영했다. 사진을 찍은 위치에서 오른쪽으로 길을 건너면 당시 일본은행이 법원박물관으로 쓰이고 있다. 이 박물관 안에 동교민항 거리의 1920년대 모형이 있으니 함께 둘러보기를 권한다.

이곳은 러시아공사관(俄羅斯公使館)이 설치되기 전 북경에 오는 주요 조공국 사신들이 묵은 회동관(會同館, 별칭 옥하관玉河館)이 있던 자리다. 따라서 조선의 사신들도 주로 이곳에 머물렀다. 1861년 청 정부는 이곳을 러시아공사관 자리로 내주었다. 동

법원박물관에 전시 중인 1920년대 동교민항 거리 모형

쪽에 어하(御河)의 별칭인 옥하(玉河, 御와 玉은 중국어 발음이 '위yu'로 같음)가 흐르고 있
어 '옥하관'이라고도 불렀다.

앞 사진의 좌우로 이어진 길이 바로 옛 옥하를 복개한 도로다. 이 옥하는 사진
의 우측인 북쪽으로 가면 자금성의 해자와 이어지며, 자금성의 동쪽을 흘러 이곳
을 지나 남쪽으로 흐르는 물길이었다.

1910년 여름, 단재는 망명 직후 동지들과 가졌던 산동성(山東省) 청도 회의 후,
러시아 연해주(沿海州)에 재집결하기 위해 비자를 받으러 북경 러시아공사관에 들
렀다. 이것이 단재가 북경에 다녀간 첫 기록이다.

이 장소에 대한 기록은 "단재가 연해주에 가기 위해 북경에 들렀다"라는 것이
전부인데, 그러기 위해서는 러시아공사관에 비자를 받기 위해 갔을 것이고, 당시
의 러시아공사관이 현재의 최고인민법원 자리에 있었다는 것은 모두 필자의 노력
으로 밝힌 부분이다.

이후 단재는 블라디보스토크에 도착한 1910년 8월 말부터 1913년 7월 초 중
국 상해로 이동하기까지 3년이 채 못 되는 기간 동안 연해주 지역에 머물렀다.

상해의 박달학원(博達學院)과 서간도의 동창학교(東昌學校)에서 교편을 잡기도
한 단재는 서간도에 머물던 1914년 고구려의 유적을 돌아보기도 한다.

28

단재는 1920년 4월 중순경 임시정부와 결별하고 북경에 온 박용만(朴容萬, 호 우성又醒, 1881~1928, 건국훈장 대통령장)과 전 연해주 대한국민의회 회장 문창범(文昌範, 1870~1934, 건국훈장 대통령장)을 북경에서 만나 군사단체 통일과 러시아령의 독립운동 전개 방안을 모색했다. 이에 연해주를 직접 방문하기로 한 단재와 박용만은 1920년 5월 러시아공사관에 유동열(柳東說, 호 춘교春郊, 1879~1950, 건국훈장 대통령장), 김영학(金永學, 1871~1944, 건국훈장 애족장) 등과 함께 비자를 신청한다. 이것이 단재의 두 번째 러시아공사관 방문이다.

1920년 6월 2일부터 약 1주일간 단재 등 이들 네 명의 무장투쟁론자는 러시아와 중국의 접경 도시 뽀그라니치나야(綏芬河)를 방문한다. 이곳에서 연해주와 북만주의 무장투쟁 단체들과 연합을 모색하는 회의를 한 후 다시 북경으로 복귀했다.

1921년 1월경에는 박용만이 이곳 북경 러시아공사관의 무관인 보그의 후원으로 러시아에 있는 대한국민의회 문창범과 모의하여 북경에 남북만주독립군총사령부를 설치하려고 계획했다. 이 계획은 군사통일주비회에서 북경 군정부를 세우려는 그의 계획으로 이어졌을 것으로 본다.

❷ 1915년 서간도에서 북경으로

1915년 서간도에서 일본의 압력으로 동창학교가 폐교의 위기에 처하자, 단재는 1913년 먼저 북경에 정착한 이시영(李始榮, 호 성재省齋, 1869~1953, 건국훈장 대한민국장)의 조언으로 북경에 들어온다. 1880년생인 단재는 이때 나이 서른다섯이었다. 이때부터 1928년 피체될 때까지 13년간 가장 왕성하게 활동한 나이에 북경에 머문다.

1915년부터 1917년까지 북경 생활 초기에 단재가 어디에 머물렀는지는 기록이 없다. 지인의 집과 여관, 암자 등을 전전했을 것으로 추측할 뿐이다. 하지만 이 기간 단재는 일생의 역작으로 생각한 『조선사(朝鮮史)』를 구상하고, 연구활동을 했으며, 소설 등의 저술활동을 했다.

그 하나의 단서가 1916년 3월 집필한 것으로 알려진 중편소설 『꿈하늘』이다. 하지만 이 작품은 완성을 보지 못한 채 미완으로 남아 있다.

❸ 신문화운동기념관(별칭 北大红楼)

당시 북경대학 제1원(第一院) 겸 도서관 / 북경 생활 기간 내내 단재의 사서 연구

정문에서 바라본
신문화운동기념관.
1층만 개방하고 있다.
건물 뒤쪽까지
둘러보기를 권한다.

북경에서 생활한 단재의 첫 흔적 찾기는 신문화운동기념관(新文化运动纪念馆)에서 시작한다. 이곳은 당시 북경대학의 제1캠퍼스로 현재는 건물 하나만 남아 있고, 북쪽의 건물들은 보존되지 못했다. 이 건물은 1915년부터 중국 신문화운동의 중심지였고, 그 영향으로 1919년에는 5.4운동의 발상지가 되었다. 따라서 현재 관련 기념관으로 쓰이고 있다. 건물이 빨간 벽돌로 지어져 '북대홍루(北大红楼)'라는 별칭으로 더 유명하다. 이곳에서 단재가 사서를 공부한 사실은 이미 많이 알려져 있다. 1915년부터 1928년까지 북경에서 생활한 모든 기간 동안 단재가 가장 많이 찾은 곳이다. 도서관이 열기 전부터 일찍 와서 기다렸다는 일화가 전한다. 1922년 이후에는 북경대 교수 이석증(李石曾, 1881~1973)의 배려로 좀 더 수월하게 사서를 볼 수 있었다.

1918년 여름부터 5.4운동 직전까지 이곳에서 사서 보조로 일한 모택동은 사마광의 『자치통감』을 즐겨 읽었고, 역시 이곳에서 사서를 탐독하던 단재와 만났을 수도 있다. 즉, 단재가 읽을 책을 모택동이 찾아주거나 정리하는 상상을 해볼 수도 있다. 1893년생인 모택동은 단재보다 열세 살 어리다.

이 건물은 당시 북경대학의 도서관이었을 뿐만 아니라 제1원의 핵심 문과대 건물이기도 했다. 당시 노신(鲁迅, 루쉰)도 이 건물에서 강의했고, 중국공산당을 만든 진독수(陈独秀, 천두슈)와 이대조(李大钊, 리다자오)도 이 건물에서 강의했으며, 이대조는 이 건물 내 도서관 관장이었다. 중국 최초의 아나키스트이자 우리 독립운동가들과 교분이 깊었던 이석증(李石曾, 리스쩡)도 이 대학의 교수였다.

1916년 이대위(李大偉, 1896~1982, 건국훈장 애족장)가 정치학과에 입학했다. 그는 해방 후 미 군정청 노동부장과 건국대학교 부총장 등을 역임한다.

1917년 장자일(張子一)이 문과대에 입학했다.

1921년 훗날 한글학자 이윤재(李允宰, 호 한뫼, 1888~1943, 건국훈장 독립장)가 단재의 영향으로 사학과에 입학하고, 1924년 3월 졸업한다. 그는 1942년 조선어학회 사건으로 복역하던 중 1943년 옥사한다.

1922년 봄에 아나키스트 이정규가 총장 채원배(蔡元培)와 교수 이석증의 배려로 경제학부 2학년에 편입한다. 그는 1923년 4월부터 잡지 『넋』을 발행했고, 곧

『새조선』으로 잡지 이름을 개명한다.

1923년 5월 25일 북경유학생회가 이곳 운동장에서 유학생 육상대운동회를 개최했다. 현재의 북대홍루 북쪽이다. 당시 유학생 및 고려기독교청년회 회원 100여 명이 참가했고 태극기를 게양했다.

1923년 양명이 노하중학을 졸업하고 문과대에 입학했다.

1925년 8월 또는 1926년 7월부터 이육사(李陸史, 본명 이원록李源祿, 1904~1944, 건국훈장 애국장)가 청강생으로 수학했다.

1925년 3월부터 김성숙(金星淑, 호 운암雲巖, 1898~1969, 건국훈장 독립장)이 이끈 사회주의 계열 고려유학생회가 기관지 『해외순보(海外旬報)』를 발행했다. 류기석, 김봉환이 참여했다.

1930년 김용운(金龍雲, 1906~1980, 건국훈장 애족장)이 보성전문학교 재학 중 북경으로 망명해 북경대학에 다니면서 북경의 항일학생 그룹을 중심으로 항일투쟁을 전개했다. 이 무렵 사회주의 사상을 받아들였던 그는 1931년 한위건(韓偉健)의 소개로 북평시반제동맹한인지부(北平市反帝同盟韓人支部)에 들어가 활동했다.

연도 미상 이조헌(李兆憲, 호 수송秀松, 1900~1933, 건국포장)이 북경대학 경제과를 졸업했다. 그는 1924년 1월 북경조선인유학생회 남철우 회장과 함께 북경으로 유학 오는 학생들을 여러모로 지원했다. 1924년 5월에는 북경한교구락부 임시선전부 선전위원으로 선임되었다. 1925년 2월에는 북경조선인유학생회 대표로 협화의원의 손문을 병문안한다. 그는 특히 원세훈(元世勳, 1887~1959, 건국훈장 독립장)과 교분이 두터웠다.

❹ 서단사거리 인근
당시 서단패루(西單牌楼) 93호 / 신한혁명당(新韓革命黨) 북경 본부

현재 서단(西單)은 유명한 쇼핑가로 탈바꿈하여 빌딩 숲으로 바뀌었으며, 패루도 사라졌는데, 길 자체가 사라져 93호를 찾는 것은 더더욱 불가능해졌다. 이 집은 김

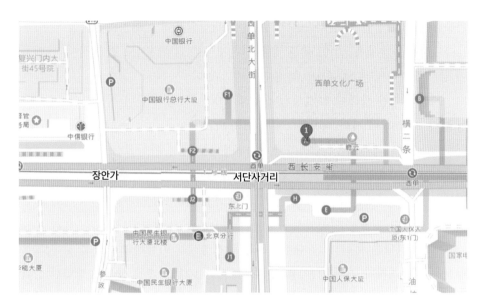

장안가 서단사거리

민국원년(民國元年, 1912)의 서단패루(위)와 현재의 서단패루(아래)

자순(金子淳)의 집인데, 김자순은 만주 서간도 삼원보에 이회영(李會榮, 호 우당友堂, 1867~1932, 건국훈장 독립장)이 세운 경학사의 재무를 담당하기도 한 인물이다. 이곳에 당시 신한혁명당(新韓革命黨) 북경 본부가 있었다.

　　1915년 3월 상해에서 결성된 신한혁명당은 북경에 있던 성낙형(成樂馨), 유동열 등이 상해로 가서 박은식(朴殷植, 호 백암白巖, 1859~1925, 건국훈장 대통령장), 신규식(申奎植, 호 예관睨觀, 1880~1922, 건국훈장 대통령장), 이상설(李相卨, 호 보재溥齋, 1870~1917), 이춘일(李春日) 등과 조직했고, 같은 해 북경 서단패루 93호 김자순의 집에 신한혁명당의 북경 근거지를 만드는데, 이는 북양정부(北洋政府)의 지원을 받기 위함이었다. 단재는 이곳에서 유동열 등의 동지들과 활동했다.

　　신한혁명당은 제1차 세계대전이라는 국제정세를 이용하여 고종을 당수로 독립운동을 전개하기 위해 만든 정당이다. 하지만 1915년 7월 서울에 잠입한 성낙형이 피체되면서 와해되고 말았다.

❺ 1917년 국내 잠입과 단지(斷指)

단재는 북경에서 힘겹게 망명생활을 이어가던 중 목숨을 건 국내 귀국을 감행하는데, 바로 27세에 사망한 형 신재호의 딸인 조카딸 신향란이 친일파 후손 홍××와 결혼한다는 소식을 들었기 때문이다. 신향란이 뜻을 굽히지 않자 단재는 손가락 하나를 자르고 절연을 선언한다. 그러나 단재가 실제로 손가락을 자른 것인지, 잘랐다면 어느 손가락을 자른 것인지 아무도 모른다. 적어도 나는 어떠한 사료에서도 이 사실을 확인하지 못했다. 이 일 후 다시 북경으로 돌아왔다.

❻ 호국태평궁비(護國太平宮碑) 동북쪽

당시 보타암(普陀菴) / 1918년 단재의 첫 번째 거주지

정자 안에 호국태평궁비가
있다.

북경역 남쪽에 명나라 성벽유지공원(城墻遺址公園)이 있고, 다시 남쪽으로 큰길을
건너면, 당시 도교사원으로 알려진 태평궁의 옛 터에 호국태평궁비가 작은 정자와
함께 남아 있다. 이 태평궁과 경항운하(京杭運河) 사이 동북쪽에 보타암이 있었다고
기록되어 있다.

단재는 1918년 이 보타암에 기거했고, 현재는 그 장소가 큰 도로로 개발되어 흔적도 없이 사라졌다. 하지만 호국태평궁비가 남아 있어 그 동북으로 위치를 추정할 수 있는 정도다.

❼ 석등호동(石灯胡同) 13호 및 일대

당시 석등암(石灯庵) / 1918년 단재의 두 번째 거주지

석등호동 13호 및 일대를 위에서 내려다본 사진. 짙은 검은색 문이 아직도 남아 있는 당시의 유적이다.

현재 이곳은 13호 입구에 옛 석등암의 여러 문 중 하나가 옛 모습 그대로 남아 있고, 당시 이 골목의 대부분을 차지하던 석등암은 모두 사라졌다.

1918년 보타암과 함께 단재가 거주했던 곳이다. 그 증명은 홍명희(洪命熹, 호 벽초碧初, 1888~1968)가 했는데, 1918년 6월 싱가포르에 3년간 머물던 홍명희가 귀국하던 길에 북경 석등암에 달포간 머물며 단재와 교우한 사실을 기록으로 증언했다.

단재는 이곳에 머물며 북경중화신보(北京中華新報) 등의 신문에 사설을 기고했고, 고대사를 연구하여 역사 저술을 기록했다.

우창 신석우(申錫雨, 호 우창于蒼, 1895~1953, 건국훈장 독립장, 1949년 초대 중국대사)가 단재가 사망한 이후인 1936년 4월 『신동아』에 기고한 '단재와 의(矣)'에 대한 유명한 일화가 생겨난 것도 이곳 석등암에 거주할 당시의 일이다.

1923년 9월, 단재는 오랫동안 준비한 마지막 희망과도 같았던 국민대표회의(國民代表會議)가 허무하게 끝나버리자 무기력하게 북경으로 돌아왔고, 한 달 남짓 대흑호호동에 머문 후 다시 이곳 석등암으로 거처를 옮겼다. 1918년에 이어 석등암에 거주한 두 번째 기록이다.

그러고는 다시 4개월 후 단재는 모든 것을 털어버리듯 관음사(觀音寺)에 들어가 승려가 되기로 마음먹는다.

❽ 1919년 3월~1920년 3월 상해
단재의 상해임시정부 설립 참여

단재는 이 기간 동안 북경의 동지들과 상해임시정부에 참여하기 위해 상해로 갔다. 아마도 이때 단재는 다시 돌아오지 않을 생각으로 북경을 떠난 것으로 보인다. 하지만 결론부터 말하자면 1년 후 다시 북경으로 돌아오게 된다.

단재는 1919년 4월 상해임시정부가 세워질 당시 충청도 대표로 임시의정원에 참여했다. 하지만 외교 노선을 강조하는 임시정부 주도파와의 갈등과 위임통치

론을 주장하던 이승만(李承晚, 호 우남雩南, 1875~1965, 건국훈장 대한민국장)이 1919년 9월 통합임시정부의 대통령이 됨으로써 그 갈등은 절정에 달했고, 임시정부에 대한 반외교론 신문인 『신대한(新大韓)』까지 펴내 18호까지 발행하는 등 격렬한 저항 끝에 결국 1920년 3월 북경으로 돌아오게 된다.

❾ 소석교호동(小石橋胡同) 7호
대한독립청년단(大韓獨立青年團) 본부

현재와 당시의 주소가 같고 아직 당시의 건물이 헐리지 않은 몇 안 되는 곳이다. 당시 최용덕(崔用德, 가명 최창석, 1898~1969, 건국훈장 독립장)과 장자일이 거주하던 집으로, 이곳을 대한독립청년단(大韓獨立青年團) 본부로 사용했다.

　대한독립청년단은 1919년 6월경 만주에서 활동한 임기반, 김사익(金思益), 이기호(李祁鎬) 등이 북경으로 건너와 서왈보(徐曰甫, 1887~1926, 건국훈장 애국장)의 집에 기거하면서 북경과 천진의 학생을 중심으로 조직했고 본부를 이곳에 두었다.

아직 헐리지 않은 소석교호동 7호 건물. 외부는 새로 단장되었다.

　　1919년 9월, 당시 상해에 있던 단재를 대한독립청년단의 단장으로 추대한다. 당시 임시정부에 등을 돌리고 이미 북경에 돌아온 이회영 등의 정황으로 볼 때 단재도 다시 북경으로 돌아오리라는 확신이 있었던 것으로 보인다.

　　1920년 3월에는 단재가 북경으로 돌아와 단장을 역임했다. 당시 단장 신채호, 부단장·총무·통신 한흥교(韓興敎, 가명 한진산, 1885~1967, 건국훈장 애국장), 내무·재무부장 조동진, 군무부장 서왈보, 서기 방석범, 외무장 문철, 그리고 단원은 북경 30여 명, 천진 70여 명 등이었다.

　　필자가 이곳을 알게 된 것은 1992년 9월 28일 MBC의 뉴스 보도 때문이다. 한중수교가 막 이루어진 직후 김상철 기자가 취재한 이 집은 주변의 아파트 개발과 더불어 곧 헐릴 예정이라고 방송되었고, 중앙민족대학 황유복 교수의 인터뷰도 해설로 첨부되었다.

　　2019년 9월 100주년을 맞아 당연히 헐린 후 어떤 모습일지를 확인하러 찾아간 필자의 눈에 아직 헐리지 않은 옛 모습의 건물이 들어왔고 놀라움을 금하지 않을 수 없었다. 현장에서 즉시 사진을 찍어 이미 친분이 있던 황유복 교수에게 사진을 전달했다. 그 역시 1992년 인터뷰 이후 와보지 않았고 놀라움을 나타냈다.

⑩ 취화호동(翠花胡同)

제2보합단(第二普合團) 본부

빨간 문은 서쪽 입구의 동네 슈퍼이고, 두 번째는 서쪽 입구에서, 세 번째는 동쪽 끝에서 서쪽을 바라보고 찍은 사진이다.

이곳 취화호동 골목은 북대홍루 사거리에서 대각선으로 길 건너이고, 북대홍루의 동쪽에 있는 중국미술관의 남쪽 길 건너 첫 번째 골목이다. 골목의 길이는 길지 않으나 1920년 결성된 제2보합단(第二普合團) 본부가 이 골목에 있었고, 주소는 전하지 않는다. 이곳 역시 제2보합단의 어느 간부의 거주지였을 것으로 추정하나 누구의 집인지도 확인되지 않는다.

1920년 4월 상해에서 돌아온 단재는 하와이에서 건너온 유명한 무장투쟁론자인 박용만과 함께 제2보합단을 결성한다. 당시 국내에 '보합단'이라는 무장투쟁단체가 결성되었고, 이 단체의 이름은 '제2보합단'이라 명명했다. 다른 이름으로 '대한민국군정부'라 칭하기도 했다.

단장 박용만, 비서 서왈보, 군임장 노백린(盧伯麟, 호 계원桂園, 1875~1926, 건국훈장 대통령장), 사령장 김좌진(金佐鎭, 호 백야白冶, 1889~1930, 건국훈장 대한민국장), 재임장 김창숙(金昌淑, 호 심산心山, 1879~1962, 건국훈장 대한민국장), 재임차장 고일청(高一淸), 내임장 신채호, 내임차장 조해용, 교통임장 김창근, 교통차장 조성환(曺成煥, 호 청사晴蓑, 1875~1948, 건국훈장 대통령장), 법임장 이신준, 법임차장 심강중, 노동임장 최달용, 노동차장 박무림 등이 참여했고, 우리 독립운동사에 커다란 족적을 남긴 분들의 이름들이 보인다.

하지만 이 단체의 정확한 활동에 대한 기록은 남아 있지 않다.

⑪ 후고루원호동(后鼓楼苑胡同)
우당 이회영의 두 번째 북경 거주지

번지수는 전하지 않는다. 1920년 초부터 1921년 봄까지 우당이 머문 북경의 두 번째 거주지로, 당시 이 집은 북경의 임시정부 같은 장소가 되었다. 상해 임정 노선에 실망한 인사들과 만주와 조선에서 몰려오는 망명 인사들로 넘쳐났다. 부인 이은숙(李恩淑, 1889~1979, 건국훈장 애족장) 여사는 어린 딸과 만삭의 몸으로 하루 여덟 번 이상 밥상을 차려내야 했다.

단재와 김창숙도 우선 밥을 굶지 않기 위해 매일 우당의 집에 출근하다시피 했다.

고루동대가에서
후고루원호동으로
들어가는 북쪽 입구에서
찍은 사진

　　우당의 아들 이규창(李圭昌, 1913~2005, 건국훈장 독립장)의 회고에 의하면 1920년
상해에서 올라온 이동녕(李東寧, 호 석오石吾, 1869~1940, 건국훈장 대통령장)과 조완구(趙
琬九, 호 우천藕泉, 1881~1954, 건국훈장 대통령장), 이시영, 이호영(李護榮, 1875~미상, 건국
훈장 애족장) 등이 거주했고, 이광(李光, 호 성암誠庵, 1879~1966, 건국훈장 독립장), 조성환,
박용만, 김규식(金奎植, 호 우사尤史, 1881~1950, 건국훈장 대한민국장), 김순칠(金舜七), 이
천민(李天民), 신채호, 김창숙, 한영복(韓永福, 가명 한세량韓世良, 1867~1935, 건국훈장 애족

이회영(李會榮, 호 우당友堂,
1867~1932, 건국훈장 독립장)

단재 신채호 선생과 박자혜 여사의 결혼 기념 사진

장), 최태연, 김원봉(金元鳳, 호 약산若山, 1898~미상), 박숭병(朴崇秉, 호 간송澗松), 한흥교, 송호성(宋虎聲), 성준용(成俊用), 홍남표(洪南杓), 유석현, 어수갑, 임경호(林敬鎬), 이정열, 안창호(安昌浩, 호 도산島山, 1978~1938, 건국훈장 대한민국장), 조소앙(趙素昻, 본명 용은鏞殷, 1887~1958, 건국훈장 대한민국장), 윤기섭(尹琦燮, 1887~1959, 건국훈장 대통령장), 류자명, 김종진(金宗鎭, 1901~1931, 건국훈장 애국장), 고운여 등이 빈번하게 다녀갔다.

필자는 1920년 4월 단재와 박자혜(朴慈惠, 1895~1943, 건국훈장 애족장) 여사의 결혼을 이 집에서 치른 것으로 추측한다. 즉, 이은숙 여사가 중매와 혼례까지도 챙겼으리라는 것이 필자의 추측이다.

1920년 12월부터 1921년 2월까지 두 달 남짓 심훈(沈熏, 본명 심대섭沈大燮, 호 해풍海風, 1901~1936, 대통령 표창)이 이 집에 거주했다. 심훈은 당시의 심경을 「고루(鼓樓)의 삼경(三更)」이라는 시에 남겼다.

고루의 삼경

심훈(1920년 12월 12일 作)

눈은 쌓이고 쌓여
객창을 길로 덮고
몽고바람 씽씽 불어
왈각달각 잠 못 드는데
북이 운다 종이 운다.

대륙의 도시, 북경의 겨울밤에
화로에 메틸도 꺼지고
벽에는 성에가 슬어

얼음장 같은 창 위에
새우처럼 오그린 몸이
북소리 종소리에 부들부들 떨린다.
지구의 맨 밑바닥에 동그마니 앉은 듯
마음조차 고독에 덜덜덜 떨린다.

거리에 땡그렁 소리도 들리지 않으니
호콩 장사도 인제는 얼어 죽었나 보다.
입술을 꼭꼭 깨물고 이 한밤을 새우면
집에서 편지나 올까? 돈이나 올까?
만터우 한 조각 얻어먹고 긴 밤을 떠는데
고루에 북이 운다 종이 운다.

⑫ 금십방가(锦什坊街) 21호

단재와 박자혜 여사의 신혼집

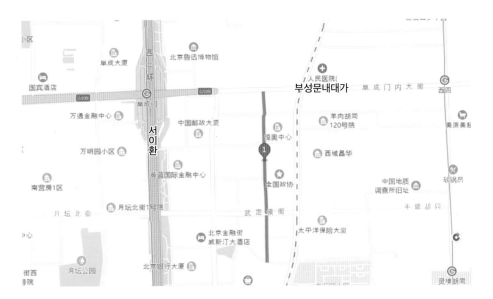

2016년에 찍은 금십방가 21호 입구 사진. 현재는 외부가 새로 단장되었다.

1920년 3월 상해에서 돌아온 단재는 우당의 부인 이은숙 여사의 중매로 열다섯 살 어린 여성 독립운동가 박자혜 여사를 알게 된다. 두 사람은 곧 여관 등을 전전하며 동거를 시작했고, 다음 달인 4월에 혼례를 치른다.

사료에는 1920년 4월 이은숙 여사가 단재와 박자혜 여사를 중매했다는 사실만 기록되어 있다. 그러나 1921년 1월에 태어난 장남 신수범의 출생에서 10개월을 역추적하면 단재의 북경 복귀 시점은 1920년 3월이다. 현재도 전하는 단재와 박자혜 여사의 결혼사진을 볼 때, 배경은 흐리나 그 장소가 당시 우당의 거주지인 후고루원호동이었을 것이다. 혼례 역시 우당과 이은숙 여사의 집에 빈번히 드나들던 독립운동가들의 축복 속에 이루어졌을 것이라는 게 필자의 추측이다. 즉, 이은숙 여사가 중매와 혼례까지 치러준 것이다.

혼례 후 단재와 박자혜 여사는 금십방가에 신혼집을 얻게 된다. 현재까지 학자들의 견해를 종합해보면 21호가 당시 단재의 거주지라고 보는 견해가 약 80%이고, 골목은 맞으나 번지수는 아닐 수 있다는 견해가 20% 정도다.

⑬ 중국철도박물관

당시 경봉선 정양문 동 기차역(京奉铁路正阳门东车站) / 단재의 러시아행 등

이 기차역은 우리나라 독립운동가들이 조선과 만주에서 북경을 드나드는 관문이었으므로 독립운동가들이 가장 많이 다녀간 장소이기도 하다.

100년 전 북경역.
역은 서쪽을 바라보고
있고 첨탑이 있는 쪽이
남쪽이다.

고증이 잘못된 채
재건축된 정양문 동
기차역 건물. 당시 사진과
비교해보면 첨탑이 더
남쪽에 위치해 있다.

1920년 6월 2일 이 역을 출발한 신채호, 박용만, 유동열, 김영학 네 명은 일주일간 러시아 뽀그라니치나야(綏芬河)에 도착하여 연해주 대한국민의회 무장투쟁론자들인 문창범, 김하석(金夏錫) 및 상해에서 온 고창일과 함께 러시아 내에서의 무장투쟁 방략에 관한 회의를 가졌다. 당시 박용만은 연해주가 아닌 러시아 중부 이르쿠츠크와 톰스크에서 무장독립전쟁을 준비할 것을 주장했다.

1921년 9월 10일 김익상(金益相, 1895~1941, 건국훈장 대통령장) 의사가 남산의 조선총독부에 폭탄을 던지러 떠날 때, 김원봉을 비롯한 의열단 동지들이 역사적인 이 플랫폼에서 그를 배웅했다. 이후 조선총독부에 폭탄을 투척한 김익상 의사는 일주일이 지난 9월 17일 다시 이 역을 거쳐 정양문 밖 약산과 동지들이 기다리고

김익상(金益相, 1895~1941, 건국훈장 대통령장) 의사(좌)와 남산의 조선총독부(우)

있던 비밀 처소로 돌아와 상황을 보고하는 신출귀몰함을 보였다.

1929년 8월 장지락(張志樂, 가명 김산金山, 1905~1938, 건국훈장 애국장)도 이 역사에서 심양행 기차에 탑승했다. 중국공산당과 조선공산당의 연결 임무로 길림에서 열린 혁명청년연맹대회에 중국공산당 대표로 참가하기 위해서였다.

이 정양문 동 기차역은 1958년까지 사용되었고, 1959년 선로 동쪽에 현재의 북경역이 건설되었다. 따라서 서쪽으로 돌아나갈 철로가 없는 현재의 북경역은 모든 기차가 동쪽으로 출발한다.

⑭ 협화의학원(协和医学院) 및 협화의원(协和医院)

당시 회문대학(汇文大学) 의예과 / 단재의 부인 박자혜 여사와 장지락 등 수학 및 근무

이곳의 정확한 답사지는 두 곳이다. 협화의학원 남문이 당시 의과대학 정문이고, 서문의 옛 건물이 당시 협화의원이다.

이곳은 단재와 직접 연관이 있는 곳은 아니나 부인 박자혜 여사가 1919년 9월부터 1920년 7월까지 1년간 수학했던 곳이다. 박자혜 여사는 3.1독립운동 당시 서울 종로에 있던 총독부 의원의 간호사였다. 3.1독립운동으로 피해를 입고 들어오는 환자들을 보며 울분을 느껴 간호사들의 독립운동단체인 '간우회'를 주도적

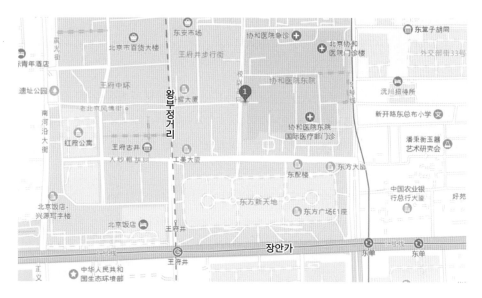

당시 회문대학 의예과
정문으로 쓰였던 현
협화의학원 남문(위).
왼쪽인 서북쪽으로 돌아가면
협화의원의 서문(아래)이
나온다.

으로 조직했고, 이에 피체되어 종로경찰서에 감금되었다. 주변의 도움으로 풀려난 박자혜 여사는 그 길로 북경으로 망명했고, 의사의 꿈을 품고 회문대학 의예과에 진학했다.

1920년 초 이용설(李容卨, 호 여천與天, 1895~1993)이 인턴생활을 거쳐 외과의사로 근무했고, 협화의원 내 직원 기숙사에서 심천(1883년생)과 동거했다. 이용설은 인근 YMCA에서 활동하는 고려기독교청년회 회장으로 학생들을 이끌었고, 심천은 당시 화북일보 기자로 근무하고 있었다.

1922년 상해에서 올라온 17세의 장지락이 의예과에 입학한다. 그는 1925년 중국혁명에 참여하기 위해 광주(广州, 광저우)로 내려갈 때까지 줄곧 이 학교에 다녔다. 이때 배운 지식을 바탕으로 1937년 연안 항일군정대학에서 물리와 화학을 가르치기도 한다.

1925년 초 승려 출신 독립운동가 운암 김성숙이 잡지『혁명(革命)』발행 중 과로로 입원했다. 잡지『혁명』은 그가 1924년 조직한 이르쿠츠크파 고려공산당의 북경지부인 창일당의 기관지였고, 당시 거의 혼자만의 필력으로 잡지를 간행하는 데 힘쓰고 있었다. 또한 잡지『혁명』에는 중국공산당 창시자인 이대조(李大钊)가 글을 기고하기도 했다. 1917년부터 북경대학의 역사·경제·철학과 교수 겸 도서관장으로 근무했고, 호남성의 공산파 리더 모택동에게 도서관 보조 사서로 일하도록 한 사람이 바로 이대조였다.

1925년 2월 북경조선유학생회 대표 이조헌(건국포장), 주순효, 신시우가 협화의원에 입원한 손문을 병문안한다. 손문의 병세가 위중하여 직접 면회는 하지 못하고, 등언화(鄧彦華)에게 위문서와 위로의 말을 전했다(조선일보, 1925년 2월 24일자 2면).

1931년 연말 장지락이 일본 감옥에서 받은 고문 후유증으로 이 병원에서 결핵 판정을 받았다. 1930년 11월 북경에서 체포된 장지락은 예상보다 너무 일찍 풀려난 탓에 동지들에게 의심받고 있었고, 고문 후유증으로 몸도 피폐해져 있었다.

⑮ 기독교공리회구지(基督教公理会旧址)

고려기독교청년회(高麗基督教青年會) 본부

골목 안에 허름한 건물로
남아 있는 기독교공리회구지,
동성구 정부에서 표지판을
붙여놓았다. 결국 우리도 중국
정부와 협의해 이것과 나란히
표지판을 붙여야 한다.

주소는 등시구북항(灯市口北巷) 15호로 중국의 기독교공리회가 있던 곳에 1920년
2월 10일 북경의 조선인 기독교 청년들이 고려기독교청년회 본부를 설립했다. 이
곳은 미국인이 주도한 중국의 기독교공리회 본부가 있던 곳으로, 이 안에 1910년

대부터 이미 조선인 기독교 청년들이 거주하기 시작했다. 고려기독교청년회는 안
창호, 손정도(孫貞道, 1881~1931, 건국훈장 독립장), 현순(玄楯, 1880~1968, 건국훈장 독립장)
등과 친분이 있던 감리교 감독 웰치의 후원으로 이루어졌다.

1921년에는 정진국이 이곳에 거주했고, 시기 미상 변진 등 기독교 학생들이
이곳에 거주했다. 그러한 연유로 이곳에 고려기독교청년회 본부가 설치될 수 있었
다. 또한 이들은 북경에 온 변영만(卞榮晚, 1889~1954) 등 한인 지도자들에게 숙소를
제공하기도 했다.

단재가 이곳을 다녀간 직접적인 기록은 없으나 실질적인 이 단체의 지도를 맡
고 있었으므로 다녀갔을 가능성이 높다.

⑯ 중화성경회구지(中华圣经会旧址)

당시 북경기독교청년회(중국YMCA) / 고려기독교청년회 활동 장소 등

파란색 선으로 표시한 부분이 당시 중화성경회구지다.

중화성경회 건물 중 아직
남아 있는 건물. 동단북대가
대로변에 있다.

기독교공리회에 본부를 둔 고려기독교청년회가 주로 활동했던 장소다. 기독교공
리회는 장소가 협소하여 당시 중국YMCA였던 이곳에서 예배와 집회, 강연회 등
을 가졌다.

　　현재 이곳은 협화의원 동북쪽에 자그마한 건물이 하나 남아 있는데, 필자의
조사에 따르면 당시 YMCA 건물은 이곳 외에도 바로 북쪽에 큰 건물 두 동이 더
있었다. 사라진 두 건물은 1988년 이전까지 존재했던 것으로 보이며, 그해에 왕부
반도반점(王府半島飯店)을 건설하면서 완전히 철거되었다. 그리고 호텔 옆 사거리에
는 현재 고층 빌딩인 국여대하(國旅大厦)가 들어서 있다. 즉 주요 건물에 해당하는
두 동의 건물이 호텔과 빌딩으로 바뀌었고, 부속건물이던 현재의 중화성경회구지
건물만 남은 것이다.

　　1914년 재정학교(財政学校)가 이 건물에 설치되었고, 이대위가 1914년부터
1916년까지 2년간 수학하고 졸업해 북경대학에 진학했다.

　　1922년 조영이 다닌 북경재정상업전문학교(北京財政商業専門學校)도 이곳이다.
그 이전의 재정학교가 이름을 바꾼 것으로 보인다.

　　1920년 2월 16일 이곳 북경YMCA에서 고려기독교청년회 창립식이 열렸다.
한인 20명과 중국인, 미국인 등 총 50여 명이 참가했다. 회장에 협화의원 외과의
사 이용설, 종교/교육부장 한영복(한세량), 운동부장 김하선, 총무부장 심천(화북일보 기
자), 회원 장자일, 이대위, 문승찬(文承贊), 조영, 최영구, 이병화, 정인선 등이었다.

　　고려기독교청년회의 실질적 고문이던 단재가 1920년대 초 이곳에서 학생들을 상대로 강연 및 연설을 했고, 많은 학생을 독립운동의 길로 이끌었다.

　　1922년 6월 5일에는 도산 안창호 선생이 학생들을 상대로 이곳에서 연설하여 다음 해에 열릴 국민대표회의의 필요성을 강조했다. 청년들이 이 연설에 감복하여 청년회 회원들이 대거 흥사단(興士團)에 가입했다.

　　1923년 봄 북경에 처음으로 등장한 김성숙이 이곳에서 학생들과 한인이 모인 토론회에 참가하여 뛰어난 언변과 이론으로 참가자들을 놀라게 하며 새로운 이론가로 떠오른다.

　　1923년 님 웨일즈가 지은 소설 『아리랑』에 의하면 김산(장지락)과 김충창(김성숙)이 처음 만난 곳이 바로 여기다. 이후 이들은 북경에서 의열단 가입과 고려유학생회, 창일당 조직 등 활동을 함께했다. 1925년 중국혁명에 참여하기 위해 광주(广州)로 이동할 때까지 모든 활동을 함께하고, 김성숙은 장지락의 이론적 스승이 된다.

장지락(張志樂, 가명 김산金山,
1905~1938, 건국훈장 애국장)

김성숙(金星淑, 호 운암雲巖,
1898~1969, 건국훈장 독립장)

　　1924년 2월에는 고려기독교청년회의 개편이 이루어져 회장에 심천이 선출되고, 총무 조영, 서기 이태로(李泰魯, 1899~1932, 건국훈장 애족장), 덕육 강기봉, 지육 이훈철, 체육 이병우, 회계 이종국 등이 선출된다.

　　1924년 8월에는 단재의 추천으로 사학과에 진학한 훗날의 한글학자 이윤재가 교육부장으로 새로 선출되고, 간사 이병화, 최윤동(최진)이 새로 임원이 된다.

　　1930년 4월 말에는 장지락이 이곳 YMCA에서 노동절 행사 준비 회의를 하다가 경찰의 습격을 받아 연인 류령(제숙영)과 피신하기도 한다.

⑰ 초두호동(炒豆胡同)

단재와 박자혜 여사의 거주지 및 『천고』 집필지

초두호동 골목을 서쪽에서
바라본 사진

단재와 박자혜 여사는 신혼집인 금십방가에서 9개월 만에 이 골목으로 이사 왔다. 1921년 1월부터 1922년 12월 다시 상해로 내려갈 때까지 이 골목에서 거주했다. 번지수는 확인되지 않는다.

이사 온 직후인 1921년 1월 15일 장남 신수범이 출생했다.

1921년 1월부터 중국인과의 합작을 모색하기 위해 중국어 잡지 『천고(턴고, 天鼓)』를 출간했다. 이 잡지는 단재가 주필과 편집을 모두 맡았고, 김창숙, 박숭병, 이회영, 한영복(한세량), 김정묵(金正默, 1888~1944, 건국훈장 애국장), 남형우(南亨祐, 1875~1943, 건국포장), 유림(柳林, 호 월파月波, 1898~1961, 건국훈장 독립장) 등의 인사가 참여했다. 북경대 교수 이석증도 재정지원을 한 것으로 알려진다. 류자명(柳子明, 호 우근友槿, 1894~1985, 건국훈장 애국장, 북한 3급 국기훈장)이 북경에서 단재와 재회한 것이 1921년 4월이므로 류자명이 소개한 이석증이 『천고』를 후원한 것이 사실이라면 발견되지 않은 『천고』의 7호 설이 좀 더 유력하다. 잡지 『천고』는 3호까지 발행되었다는 설과 7호까지 발행되었다는 설의 두 가지가 있다.

1921년 1월, 심훈이 후고루원호동에 있던 이회영의 집에 머물며 한 달간 단재의 심부름을 하기도 했다.

1922년 5월부터는 다음해에 있을 상해 국민대표회의를 준비하며 반임시정부 노선의 주보 『대동(大同)』을 발행하기도 했다.

1922년 여름에는 생활고로 박자혜 여사와 아들 신수범을 귀국시키고 잡지 집필 및 고대사 연구에 몰두했다. 그 결과 『조선사통론』이 이때 저술되었다.

1922년 12월 류자명과 김원봉이 신채호를 방문하여 의열단 선언 작성을 부탁했고, 단재는 곧 있을 국민대표회의 참여를 병행해 이들과 함께 상해로 이동한다. 이 골목에 거주하던 시절 단재가 남긴 시 한 수를 전한다. 망명객의 애수가 절절히 살아있다.

가을밤에 회포를 적음(1922)

외로운 등불 가물가물 남의 시름 같이하며
일편단심 다 태울 제 내 맘대로 못할러라.

창 들고 달려 나가 나라 운명 못 돌리고
무질어진 붓을 들고 청구 역사 끄적이네

이역 방랑 10년이라 수염에 서리 치고
병석에 누운 깊은 밤에 달만 누각에 비쳐드네

고국의 농어회 맛 좋다 이르지 마라
오늘은 땅이 없거늘 어디다 배를 댈꼬.

⓲ 당시 서성구(西成區) 백구점(白駒店) 또는 백구묘(白駒廟)
박정래(朴定來)의 집

1919년 3월 북경 하강호동(下崗胡同) 16호에서 결성된 신대한동맹회(新大韓同盟會)의 회장 박정래의 집이 있던 곳이다. 정확한 장소와 번지수는 찾지 못했다. 박정래는 1915년 3월 결성된 신한혁명당의 회령 지부장을 맡기도 했다.

1921년 3월 1일 저녁 8시에 3.1절 2주년 기념식이 박정래의 집에서 개최되었고, 단재가 3.1독립운동의 의의와 앞으로의 독립전쟁 준비에 대해 연설했다. 당시 참여자는 단재와 박정래 및 심천, 정진국, 최영구, 조남승(趙南升, 1882~1933, 건국훈장 애족장) 등 16명이었다.

⓳ 북경동물원 내 창관루(畅观楼)와 창춘당(鬯春堂)
군사통일주비회 개최지

현재 북경동물원 내에 있는 이 두 건물은 동물원의 서쪽 끝 외곽에 자리 잡고 있다. 동물원 내에 있으나 동물들의 사육지와 떨어져 있어 일반 관람객이 들르지 않는 곳이다. 하지만 북경의 독립운동사에서 빼놓을 수 없는 중요한 장소다.

1921년 4월 17일부터 6월 22일까지 이곳에서 군사통일주비회가 개최되었다. 이는 1920년 봉오동전투와 청산리대첩 이후 무장투쟁을 통일하기 위한 중요

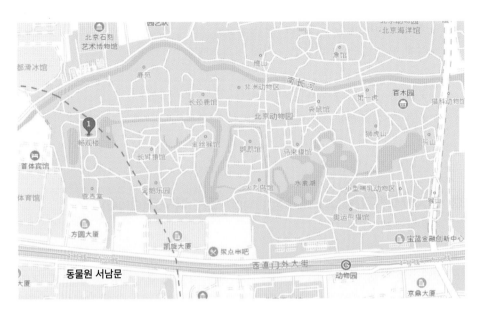

동물원 서남문

창관루 건물을 오목렌즈로
찍은 사진. 실제는 직선
건물이다. 건물의 왼쪽은
팔각이고, 오른쪽은
원형인 점이 흥미롭다.

한 회의였다. 두 달간 총 18차에 걸쳐 회의가 열렸고, 통일된 지휘체계를 갖추기
위한 치열한 논쟁이 벌어졌다. 하지만 가장 중요한 것은 역시 자금이었고, 그러기
위해서는 다시 상해임시정부와 합쳐야 한다는 결론에 도달했다. 결국 이 회의는
상해에서 국민대표회의를 열어 통합을 시도하는 것으로 결론지어졌다.

이 회의에는 북경의 주요 무장투쟁 지도자들과 국내 5개 단체 대표, 서간도 2개
단체 대표, 하와이 2개 단체 대표, 북간도 1개 단체 대표, 러시아 1개 단체 대표 등

수십 명이 참석했다.

　이 회의 개최 한 해 전인 1920년 9월에는 단재, 박용만, 신숙(申肅, 1885~1967, 건국훈장 독립장), 이회영, 장건상(張建相, 1882~1974, 건국훈장 대통령장), 박은식 등 총 15인이 사전에 군사통일촉성회를 조직했고, 단재가 이승만과 정한경의 위임통치청원서에 대한 '성토문'을 작성하여 이 회의가 개최된 첫날 창관루에서 낭독되었다.

박용만(朴容萬, 호 우성又醒,
1881~1928, 건국훈장 대통령장)

　창관루와 창춘당 사이에는 송교인(宋敎仁, 1882~1913)의 비석이 세워져 있는데, 송교인은 신해혁명(辛亥革命)의 주요 인물로 무창봉기(武昌蜂起) 때 이미 예관 신규식을 알고 있었다. 1912년 4월 북경 중화민국 정부의 농림총장에 임명되어 3개월간 창춘당에 거주했다. 송교인은 1912년 겨울부터 1913년 봄까지 국회의원 선거로 바쁜 와중에도 한국의 독립운동 전개를 위한 최초의 한중 연합단체인 신아동제사(新亞同濟社)에 가입하고 신규식, 박은식, 김규식, 신채호, 조소앙 등과 교유하며 한국 독립운동에 대한 물질적 · 정신적 지원을 아끼지 않았다.

❷⓿ 삼안정호동(三眼井胡同)의 동쪽 일부

당시 이안정호동(二眼井胡同) / 우당 이회영의 세 번째 북경 거주지

우당 이회영 선생이 북경에서 세 번째 거주한 집이 있던 골목이다. 번지수는 확인되지 않는다. 현재는 이안정과 삼안정 골목이 병합되어 '삼안정호동'으로 불린다.

　1921년 봄 우당은 후고루원호동에서 이 골목으로 이사 온다. 독립운동가들이 점점 더 많이 찾아오자 더 넓은 곳으로 옮긴 것이다. 기록에 의하면 이 집에 텃밭을 가꿔 독립운동가들에게 식사를 제공했다고 한다.

삼안정호동의 서쪽
입구에서 찍은 사진. 마주
보이는 골목 끝이 당시
이안정호동이다.

1921년 가을 류자명이 박숭병의 집에서 이곳으로 거처를 옮겨 생활하다가 겨울 무렵 영어를 배우기 위해 천진으로 떠났다.

류자명의 회고에 따르면 이곳에 자주 들른 인사는 단재와 김창숙을 비롯해 조성환, 이완식(李完植, 호 고광古狂, 1867~1943, 건국훈장 애국장), 이광, 박숭병, 이해산(李海山), 한흥교, 성준용 등이 있었고, 북경에 유학 중인 고광인, 김상훈, 김병옥, 임유동 등도 드나들었다.

㉑ 사탄후가(沙滩后街) 55호 및 일대

당시 북경대학 제2원(第二院)

이 55호 건물 인근에 당시
북경대학 제2원의 몇몇
건물이 남아 있다.

북경대학 제1원인 북대홍루에서 서북쪽에 위치한 사탄후가 55호 일대는 당시 북경대학의 이공계열이 모여 있던 제2캠퍼스였다. 현재 이 일대에 옛 건물이 일부 남아 있다.

1921년 임유동, 고광인 등 유학생들이 이곳 건물 중 한 곳의 회의실을 빌려 단재를 초빙했고, 단재는 이곳에서 학생들을 상대로 조선의 역사에 대해 강연했다.

1925년 1월 19일에는 이곳 제2원 강당에서 운암 김성숙이 주도하고 윤종묵, 김봉환 등이 참여한 학생구락부 임시총회가 개최되어 '고려유학생회'로 이름을 고치기도 했으며, 3월 1일에는 고려유학생회와 한교동지회가 주최하고 강기봉, 류기석 등이 참가한 3.1독립운동 6주년 기념회가 역시 이곳 제2원 강당에서 개최되기도 했다.

㉒ 모옥호동(茅屋胡同)
당시 모옥호동 7호 / 박숭병의 집이자 『천고』 발행지

1921년 이 집에서 단재가 주필을 맡은 중국어 월간지 『천고』가 발행되었다. 즉, 『천고』는 초두호동에 있던 단재의 집에서 작성되어 이곳에서 출판된 것이다. 당시 단재는 잡지 출판을 위해 한동안 이 집에 머물기도 했다. 단재의 거주지인 초두호동과의 거리는 자전거로 10분이 채 걸리지 않는다.

사진은 6호 건물이다.
7호 건물은 이 건물을
지으며 깔고 앉아 번지수가
사라졌을 것으로 추정한다.

1921년 4월에는 북경으로 망명한 류자명이 이 집에 기거하며 단재와 재회하기도 했다. 또한 이때부터 한동안 박숭병, 류자명, 단재가 이 집에서 함께 거주하기도 했다.

류자명은 가을에 이 집을 떠나 이회영의 북경에서의 세 번째 집인 이안정호동(二眼井胡同)으로 거주지를 옮긴다.

현재 이 골목에는 6호와 8호만 있고, 7호는 사라졌다.

박숭병에 대한 자료는 너무 부족하다. 유명한 사회주의자인 바로 아래 동생 박형병이 1897년생이다. 박숭병은 중국 유학을 마치고 경기도 안성에서 삼덕포도원을 경영했다. 그렇다면 박숭병은 단재보다 열 살 이상 어렸을 것으로 추측된다. 류자명이 1894년생이니 그와 비슷한 나이였을 것으로 추측한다.

㉓ 병마사호동(兵马司胡同)
당시 병마사호동 59호 / 박용만의 신혼집

1921년 9월 21일 박용만이 북경정부 재정부의 고위 공무원이던 여성 간부의 딸과 결혼하여 이곳에 신혼살림을 차렸다. 이들의 결혼식에 단재 등 독립운동가 8~9명이 참석했다. 사가들은 이 결혼에 대해 박용만이 북경정부의 재정적 지원을

받기 위한 복선이 깔린 것으로 본다.

㉔ 동사칠조(东四七条)

당시 동사칠조 27호 / 북경한교구락부(北京韓僑俱樂部)

'동사칠조(东四七条)'라는 골목 이름은 동단(东单) 북쪽 동사(东四) 지역의 일곱 번째 골목이라는 뜻이다. 이곳 27호에서 1921년 5월경 최초의 북경 한인회인 북경한교구락부가 성립되었다. 신팔균(申八均, 1882~1924, 건국훈장 독립장), 김정묵, 박건병(朴健秉, 1892~1932, 건국훈장 독립장) 등이 참여했다. 2021년 5월이면 북경 한인회 성립 100주년이 된다.

1921년 8월 북경한교구락부가 상해에서 열릴 국민대표회의 주비위원회에 북경 대표 15명을 선출하여 파견했다.

단재가 1921년 11월경 이곳 한교구락부에서 박용만 계열 무장투쟁론자 40여 명과 함께 소비에트로 가는 박진순(朴鎭淳, 1897~미상, 건국훈장 애국장), 한형권(韓馨權,

미상~미상) 등 3명을 만나 회의 자리를 가졌다.

1922년 12월 말 김성숙, 김정묵, 김대지(金大池, 1891~1942, 건국훈장 독립장), 정인교(鄭仁敎) 등을 국민대표회의 주비위원회에 대표로 참가시켰다. 이를 통해 운암 김성숙이 북경에 온 시점은 1923년이 아니라 1922년임을 알 수 있다.

1924년 5월에는 북경한교구락부 임시선전부를 조직한다. 선전위원에는 한흥교, 서왈보, 장건상, 심천, 배천택(裵天澤, 1892~미상, 건국훈장 애국장), 남형우, 조남승, 김국빈(金國斌), 김재희(金載熙), 이조헌 등이 선출되었다. 임시선전부는 '학살'이라는 선전물을 인쇄하여 북경 주재 각국 공사관과 기타 각지의 영사관에 배포했다.

㉕ 자금성(紫禁城) 내 문연각(文淵閣)

문연각은 자금성 내에 있는 건물로 건륭제 때 집필된 '사고전서(四庫全書)'만을 관리하기 위해 서고로 지어진 건물이다. 자금성 내 황금색 지붕들과 대비되는 유일하게 검은색 지붕 건물이다.

자금성 북쪽 경산공원에 올라 내려다본 사진이다. 사진의 검은색 지붕 건물이 문연각이다.

사고전서는 총 8만 권의 총서로, 당시 학자 3,800여 명이 동원되었다. 총 7부를 만들어 각 서고에 보관했고, 국가급 장서로서 아무나 열람하는 것은 불가능했다. 만리장성, 경항대운하와 함께 중국의 3대 기적이라 할 만큼 당대 서적을 집대성한 대단한 규모를 자랑한다.

단재는 1922년 류자명으로부터 북경대학 문과대 교수이며 프랑스 유학을 통해 중국인 최초의 아나키스트가 된 이석증을 소개받는다. 이석증은 1924년 10월 풍옥상(馮玉祥, 평위샹)의 정변으로 청나라 마지막 황제 부의(溥儀, 푸이)가 궁에서 쫓

겨날 때, 고궁재산관리위원회(故宮財産淸理保管委員會) 주석이 되었고, 1925년 고궁박물원(故宮博物院)이 생겨나면서 원장이 된다. 이후 단재는 이석증의 도움으로 이곳 문연각에 집대성된 청의 사서를 열람할 수 있었고, 사서 연구에 큰 도움이 되었다. 단재가 열람한 사고전서는 장개석이 대만으로 가져가 현재는 대만국립박물관에 소장되어 있다.

㉖ 금성방가(金城坊街)
당시 맹단호동(孟端胡同) 내 맹단학교 / 북경세계어전문학교

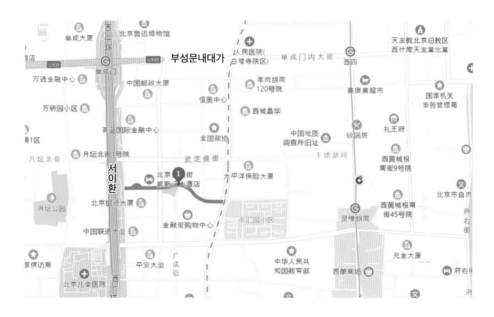

맹단학교에 당시 북경세계어전문학교를 개교했다. 세계어란 에스페란토(Esperanto)어를 뜻한다. 이 장소는 필자의 연구로 금성방가에 비정했다. 현재 이 일대는 북경의 금융가로 탈바꿈하여 골목과 건물을 모두 헐어내고 새로이 빌딩들이 들어서서 과거의 모습은 전혀 남아 있지 않다. 하지만 필자가 소장한 민국 10년(1921) 지도에서 맹단호동을 찾은 후, 당시와 가장 가까운 골목을 찾은 곳이 바로 현재의 금성

맹단호동이 위치했던 금성방가 거리

방가다.

　단재는 1922년 중반 류자명을 통해 중국의 아나키스트들을 소개받은 후 그들과 활발한 교류를 했다. 그 일환으로 노신과 친분이 있고, 북경대 교수였으며, 러시아 출신의 시각장애인 예로셴코(Vasil Eroshenko, 중국명 爱罗先珂, 1889~1952)와도 교류했는데, 단재는 이 학교에서 아나키스트들과 함께 에스페란토 강습에도 참여했다.

　한편 1923년 이 학교의 설립에 아나키스트 이정규가 적극적으로 참여하기도 했다. 그는 북경대 경제과를 졸업한 후 부속 여명중학(黎明中学/위치 미상)의 교사로 활동하기도 했다.

　1924년 2월에는 운암 김성숙이 이끄는 조선불교유학생회가 이 학교 내에서 격월간 기관지 『황야』를 창간하기도 했다. 당시의 집필진은 김성숙, 윤종묵, 차응준, 김규하, 김천, 한봉신, 김봉수, 김봉환 등이었다.

㉗ 외교부가(外交部街)

의열단(義烈團) 북경 본부

외교부가의 서쪽 입구 도로안내판과 서쪽 입구에서 바라본 사진. 이 골목 어느 선술집에서 의열단원들이 술 한잔을 기울였을 수도 있다.

1920년 9월 의열단 박재혁(朴載赫, 1895~1921) 의사의 부산경찰서장 하시모토(橋本秀平) 폭살사건 후 의열단의 근거지를 이곳으로 옮겼다. 정확한 번지수는 전하지 않는다. 북경에는 이곳 외에도 정양문(正陽門) 남쪽의 비밀 아지트 등 여러 활동 장소가 있었다.

의열단원들은 이 골목을 드나들며 거사를 계획하고, 비밀단원을 모으고, 자금과 무기를 준비하는 등 활동을 전개했다. 당시 이곳에는 김원봉, 류자명, 서왈보, 최용덕, 김익상, 김성숙, 장지락 등과 비밀단원들이 활동했다.

김원봉(金元鳳, 호 약산若山, 1898~미상)

단재는 1922년 12월 류자명과 함께 찾아온 김원봉의 요청으로 두 사람과 함께 상해로 가게 되었고, 그곳에서 의열단의 폭탄제조소와 동지들을 면담한 후 여관에서 '조선혁명선언(의열단선언)'을 완성했다. 이후 단재는 상해에서 국민대표회의를 주도하며 좌우합작과 무장투쟁 노선을 채택하기 위해 노력했으나, 결과적으로 실패하여 다시 북경으로 돌아오게 된다.

한편, 의열단의 정치 이론가가 되는 운암 김성숙을 1923년 의열단에 가입시킨 것도 단재와 류자명의 추천이었다.

㉘ 대흑호호동(大黑虎胡同)

1923년 단재의 거주지

단재는 1920년 4월 연해주 방문, 9월 군사통일촉성회, 1921년 군사통일주비회, 1922년 임정 반외교론 주보『대동』발간 등 수년간 심혈을 기울여 준비해온 '국민대표회의'가 아무 성과 없이 해산되자, 1923년 여름부터 9월까지 상해에서 돌아와 이 골목에 잠시 거주한다.

3.1독립운동 이후 지펴진 독립의 희망이 물거품처럼 사라지는 처절한 실패를 맛본 단재는 절망의 늪으로 빠져들었다. 이제 하나로 통일된 지휘체계 아래 무장

대흑호호동 동쪽 입구 안내석과 동쪽 입구에서 바라본 골목

투쟁을 전개하는 것은 영원히 불가능하게 되었다. 이 일로 상해임시정부 역시 독
립운동가들이 모두 떠나 간판만 남은 유명무실한 단체로 전락한다.

㉙ 서변문(西便门) 남쪽 대성광장(大成广场)

당시 관음사(观音寺) / 1924년 단재가 출가한 절

관음사가 있던 자리에
들어선 대성광장 건물

북경에는 100여 년 전 '관음사'라고 불린 곳이 여러 군데 있었다. 상방교 관음사,
동단 관음사, 관음사호동, 북신호동(北新胡同), 교도구북삼조(交道口北三条) 등이다.
그간 많은 학자가 단재가 머리 깎고 중이 된 관음사를 찾기 위해 여러 고증을 남겼다. 필자 역시 그들이 주장하는 관음사를 모두 가보았고 현장을 탐문했으며, 당시의 고지도를 뒤져 그 위치를 고증하려 애썼다. 그러나 그들이 주장하는 관음사는 모두 규모가 작았고, 애초에 존재하지 않은 곳도 있었으며, 골목 이름만 남고 이미 사라진 지 오래된 곳도 있었다.

이에 필자는 중화민국 10년(1921) 지도의 원본을 직접 구해 돋보기를 들고 북경 전역을 뒤지기 시작했고, 지금의 서변문 남쪽에서 지도에 유일하게 표시된 '관음사'를 찾아냈다. 그리고 지도상에 표시된 관음사는 규모가 컸다. 당시 기록에 관음사는 승려만 300명이 넘는 대사찰이었다. 시내에 이 정도 규모의 대사찰이 존재하기는 쉽지 않다. 이 사실을 학자들과 관련 기념사업회에 알렸고, 단재의 유족에게도 알렸다. 그 와중에 그간 어느 학자도 필자처럼 당대의 지도를 뒤진 사람이 아무도 없었다는 사실도 알게 되었다.

단재는 이곳 관음사에서 1924년 3월 10일 '61일의 계'를 모두 마치고 정식 승려가 되었다.

㉚ 북신교3조(北新桥三条)
당시 왕대인호동(王大人胡同) 12호 / 우당 이회영의 네 번째 북경 거주지

이곳은 우당 이회영의 북경에서의 네 번째 거주지다. 그간 학계에는 당시 관음사 호동에 거주했다고만 나와 있고 번지수가 전해지지 않았다. 하지만 필자가 논문에도 게재된 적이 없는 일본의 1924년 밀정자료를 입수하여 분석한 결과, 당시의 집은 관음사호동이 아니라 바로 아랫골목인 왕대인호동이라는 것과 번지수가 12번지임을 알아냈다.

현장에 가보면 다음 사진처럼 왕대인호동 11번지가 아직 존재한다. 하지만 길 맞은편 짝수 번지가 있어야 할 곳에 아파트가 들어서 있다. 즉, 우당이 거주하던 12번지는 현재 아파트가 들어서면서 사라져버렸다.

부인 이은숙 여사의 회고에 의하면 이 집에 거주하던 1923년 말 당시 우당

왕대인호동 11호 건물. 12호 건물은 이 맞은편에 있어야 한다.

이 참다운 동지를 만났다며 기뻐했는데, 정오에 이을규(李乙奎), 이정규(李正奎), 정
현섭(鄭賢燮, 가명 정화암鄭華岩, 1896~1981, 건국훈장 국민장), 백정기(白貞基, 호 구파鷗波,
1896~1934, 건국훈장 독립장)가 함께 왔다. 이날부터 이들은 이 집에 머물며 우당 부부
를 부모님 모시듯 하며 함께 지냈다고 적혀 있다. 이들은 모두 아나키스트로 류자
명과 관음사에서 다시 나온 단재도 한동안 이 집에 머무르며 함께 활동했다.

1924년 4월 20일 류자명은 이 집에 머물던 정현섭(정화암), 백정기, 이을규·이정규 형제, 이회영 등과 재중조선무정부주의자연맹(在中朝鮮無政府主義者聯盟)을 결성했고, 잡지『정의공보(正義公報)』를 발행했다. 당시 단재는 아직 관음사에 있었으므로 결성식에 참석하지 못했다. 또 하나 필자는 재중조선무정부주의자연맹 결성을 바로 이곳 우당의 집에서 했을 것이라고 추측한다.

㉛ 화풍호동(华丰胡同)
당시 법통사호동(法通寺胡同) 20호 / 1924년 이후 단재 거주지

1924년 후반, 약 반 년 넘게 승려 생활을 하던 단재가 다시 세상으로 나왔다. 천진에 있던 류자명은 단재가 승려가 되었다는 사실에 놀라 급히 북경으로 올라왔고, 수소문 끝에 단재가 이 집에 머물고 있음을 알아내어 재회했다.

당시 단재는 류자명에게 절간도 지내보니 세속과 다름없는 곳이었다는 쓸쓸한 말을 남겼다. 이후 단재와 류자명은 약 6개월간 이 집에서 함께 거주한다. 당시

화풍호동 20번지 대문 안에 여러 동의 건물이 있다.

를 회상한 류자명은 자신의 자서전에서 이 집을 2층집이었다고 회고하고 있다. 실제 이 집은 일부 2층집이다.

　　단재가 1924년 후반 이후 이 집을 떠나 다른 곳으로 이사했다는 기록은 찾지 못했다. 따라서 1928년 4월 북경을 떠나 대만으로 갈 때까지 이 집에 거주한 것으로 보인다.

　　단재는 이 집에 거주하던 1924년 10월 13일부터 1925년 3월 16일까지 국내 동아일보에 「조선사연구초」라는 논문 6편을 연재한다. 이 중 유명한 것은 고조선의 중심 강(江)을 고증한 '평양패수고', 고대사에 전삼한과 후삼한이 있었음을 고증한 '전후삼한고', 묘청의 난을 재조명한 '조선역사상일천년래제일대사건(朝鮮歷史上一千年來第一大事件)' 등이다.

㉜ 사탄후가 원 북경대학 수학계루(數學系樓) 인근
당시 북경대학 마사묘(麻四庙) / 단재의 다물단선언 발표

마사묘는 당시 북경대학 제2원 수학계루(수학과 건물) 인근에 있었으나 현재는 헐리고 없다.

　　1924년 11월 단재는 북경대학 내 마사묘에서 열린 모임에서 다물단(多勿團)선

언을 발표한다. 1923년 1월 발표한 의열단선언에 이은 다물단의 사상과 행동강령 및 그 목표를 정한 선언문이었을 것이다. 하지만 애석하게도 원문이 전하지 않는다.

'다물(多勿)'은 고조선의 옛 강역을 되찾는다는 뜻으로, 다물단은 의열단과 비슷한 비밀결사였다. 1923년 3월 조직된 국민당의 행동조직으로 황익수(黃益洙, 1887~1929, 건국훈장 애국장)를 단장으로 조직되었다. 김창숙, 배천택 등이 창단에 관여했고, 이회영, 김창숙, 신채호, 류자명, 이호영 등이 지도를 맡았다.

회원은 이석영(李石榮, 호 영석, 1855~1934, 건국훈장 애국장)의 아들 이규준, 이회영의 아들 이규학(李圭鶴, 1896~1973, 건국훈장 애족장), 한흥교, 유청우, 서왈보, 김세준(金世晙, 1897~1961, 건국훈장 애족장), 서동일(徐東日, 1893~1965, 건국훈장 애족장), 황익수, 남형우, 윤영섭, 윤병래, 이동림(李東林, 1889~미상, 건국훈장 애국장), 이성춘, 이정규, 윤병일, 최성희, 이종호, 이청우 등 50여 명이었다.

다물단과 의열단은 1925년 4월 북경의 친일파 겸 밀정 김달하를 그의 집 뒷마당에서 처형했고, 직전에는 이 거사를 위해 모아호동(帽儿胡同)에 있는 친일파 고명복의 집 담을 넘기도 했다. 1926년 8월에는 단장 황익수가 직접 서울에서 단독으로 동소문파출소를 습격한 후 살아 돌아오는 등의 활약을 펼쳤고, 단원 서동일이 국내에서 군자금을 모금하는 활동을 하기도 했다. 이후에도 이들은 중국혁명에 참여하기 위해 광주(广州)로 내려간 의열단원들을 대신해 북경에서 많은 활동을 펼쳤다.

㉝ 소경창호동(小经厂胡同)

당시 소경창호동 26호 / 우당의 막내 이호영의 하숙집

해당 번지수의 이 건물은 이미 옛것이 아니다. 현재 관공서의 일부로 사용되고 있다.

이곳은 우당 이회영의 두 번째 북경 거주지 후고루
원호동에서 동쪽으로 불과 두 블록 정도 떨어진 곳
에 위치한다. 후고루원호동에 거주할 때 너무 많은
독립운동가들이 찾아오자 이들을 먹이고 재울 장
소가 부족했던 우당이 막내 이호영 선생에게 가까
운 곳에 하숙을 열 것을 제안해 만들어진 곳이다.
즉, 외부에서 볼 때는 중국인 학생들을 대상으로 한
하숙집이었으나, 실상은 독립운동가들을 단기간
먹이고 재우는 장소였다.

김창숙(金昌淑, 호 심산心山,
1879~1962, 건국훈장 대한민국장)

　　해방 후 성균관대학을 세운 심산 김창숙 선생
이 북경 생활의 거의 모든 시간을 이 집에서 보낸
다. 김성해도 김창숙과 함께 이 집에 거했다. 1924년 말에는 빈털터리가 된 우당
이 한동안 이곳에 머물러 북경의 다섯 번째 거주지가 되었고, 단재도 1924년 연말
부터 1925년 초까지 이 집에 머물며 이호영 선생과 함께 다물단을 지도한다.

　　연도 미상 김호원도 이 집에 거주했다.

㉞ 조양문내대가(朝阳门内大街)

당시 조양문내대가 314-1호 / 1924년 북경한인기독교회

새로 빌딩이 들어서고 지번이 바뀌어 옛 건물을 찾기는 불가능하다.

　　1924년 7월 고려기독교청년회가 주축이 되어 북경한인기독교회가 이곳에 설
립되었다. 북경 한인에게도 더 이상 중국의 교회를 빌려 예배를 보는 것이 아니라
드디어 자신들만의 교회가 생긴 것이다. 전도사 김광천, 감사 박도라, 교회위원 노
원찬(盧元贊, 1901~1975, 건국훈장 애족장), 류기석, 강기봉, 조영, 이태로 등이었고 교인
은 36명이었다.

　　1925년 3월 7일 이곳 한인기독교회에서 김광천, 조영, 강기봉 등 청년회 회원

당시 해당 번지수는 빌딩들이 들어서 이미 찾을 길이 없다.

들이 러일협약에 대한 항의 및 반대 집회를 개최했다. 단재는 17명이 참여한 이 회의에 참석하여 소련에 항의하기 위해 직접 작성해온 중문 항의서를 낭독했다. 러일협약이란 1907년부터 4차에 걸쳐 러시아와 일본이 체결한 비밀 협약으로 만주와 조선, 중국에 대한 상호 이익을 보장하는 내용을 담고 있다.

1926년 3월 1일 오전 10시 3.1독립운동 7주년을 맞아 이곳에서 조선독립기

넘일 축하회를 개최했다. 청년회 회원 등 60여 명이 참가했고, 청년독립운동에 대한 연설이 행해졌다.

㉟ 상방산국가삼림공원(上方山国家森林公园)

당시 상방산 / 1925년 단재의 유람

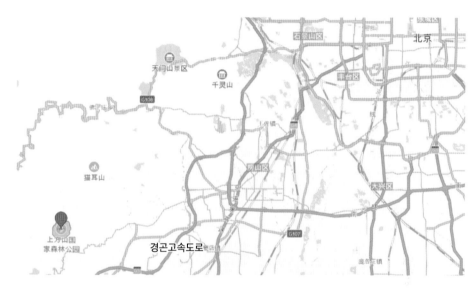

상방산삼림공원 입구

상방산은 북경 서남쪽 약 80km 거리에 위치한 해발 860m의 산으로 하북성의 서쪽 경계를 이루는 남북 600km 태항산맥의 한 지류다. 북경 시내에서 차로 약 2시간 걸린다. 현재 이 산에는 정상까지 케이블카가 설치되어 있고, '운수동(云水洞)'이라는 동굴도 있어 북경 시민의 휴식처로 많이 알려진 곳이다.

　　단재는 1925년 3월 돌연 상방산으로 유람을 떠나는데, 이는 곧 있을 김달하 처단사건을 계획한 다물단 동지들의 권유였던 것으로 보인다. 단재는 상당한 시간을 이 산을 유람하는 데 보내고 다시 북경으로 향한다.

❸❻ 서단사거리 인근

당시 서단패루(西单牌楼) 한영복(한세량)의 집 / 1925년 김달하 처단사건 후 단재의 피신처

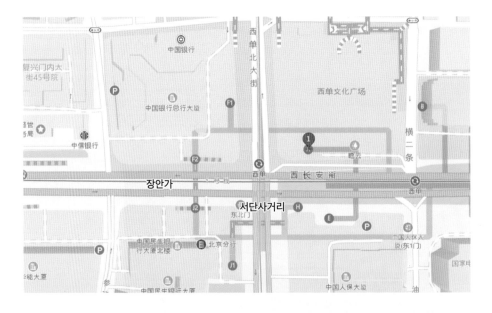

한영복(한세량)의 집이 있었던 것으로 알려진 서단패루의 번지수는 전하지 않는다. 하지만 당시 현 서단사거리 동북쪽에 패루가 있었고, 그 일대를 '서단패루'라 했으므로 현재 쇼핑몰로 바뀐 서단의 동북쪽 일대가 해당 지역이었을 것으로 추정된다.

현재의 서단패루

단재는 1925년 4월 다물단이 실행한 밀정 김달하 처단사건이 있은 직후 상방산에서 돌아와 심산 김창숙과 함께 이 집에 피신해 있었다. 밀정 김달하는 위안스카이와 그의 부하 단기서(段祺瑞)와도 친분이 있어 당시 중국으로 귀화하여 북경 정부에서 일하고 있었다. 그를 처단하자 북경의 모든 신문에 대서특필되었고 검거 열풍이 불었다.

㉟ 홍라산(紅螺山)

홍라산은 북경 동북쪽 72km 거리에 위치하며 해발 812m의 산으로, 유명한 사찰 홍라사(紅螺寺)가 자리하고 있다. 북경 시내에서 차로 약 1시간 40분 거리다. 이 산은 특히 가을에 단풍으로 유명한 북경의 명소이기도 하다. 2019년 5월 필자가 서울시의 의뢰를 받아 단재의 혼이 담겼을 산책로에서 돌 하나를 캐어 종로구 인사동 태화관 기념 조경석으로 보낸 일도 있다.

서단패루 한영복(한세량)의 집에서 김달하 처단사건을 관망하던 단재는 다시 북쪽으로 향하여 이곳 홍라산에서 한동안 머문다. 상방산 일정까지 더하면 수개월의 시간이었다. 그리고 다시 북경이 조용해지기를 기다렸다가 돌아온다.

홍라사 입구

　　이후 약 2년간 단재의 북경 행적은 별로 알려진 것이 없다. 1926년 연말 나석주 의거가 있을 때 부인 박자혜 여사가 길 안내와 시뮬레이션을 함께한 것으로 미루어 이 사건을 위해 서울의 박자혜 여사에게 연락했을 가능성이 있다.

㉜ 천진(天津)

1927년 9월 천진에서 중국, 조선, 일본, 대만, 베트남, 인도 등 6개 민족 대표 120여 명이 모인 가운데 무정부주의동방연맹이 조직되었다. 이 회의에 단재는 이필현과 함께 조선 대표로 참가했다.

1928년 4월에는 단재가 주도하여 조선인을 중심으로 한 '무정부주의동방연 맹 북경회의'를 개최하고 무정부주의동방연맹의 선전기관(잡지 또는 신문)을 설립할 것과 일제 관공서를 폭파하기 위한 폭탄제조소 설치를 결의했다.

㉝ 대만 기륭항(基隆港) 우체국

1928년 4월 단재가 주도한 무정부주의동방연맹 북경회의 이후, 4월 25일 단재는 자금을 마련하기 위해 북경을 떠난다. 이것이 북경에서의 마지막이었다. 주위의 만류에도 단재 스스로 대만의 기륭항으로 위폐를 수령하러 떠난 것이다.

5월 8일 기륭항에 도착한 단재는 우체국에서 자금을 수령하기 위해 대기하던 중 대만 당국에 피체된다. 당시 대만은 1895년 청일전쟁 이후 일본의 식민지 상태 였다. 이것이 바로 단재의 운명을 결정지은 국제위폐사건이다. 이후 단재는 10년 형을 선고받고 대련 여순감옥에 투옥되었으며, 1936년 그곳에서 뇌출혈로 사망 한다.

㊵ 고려영진(高丽营镇), 소고려영(小~), 고려영 1~8촌
당시 고려영 / 단재의 시와 소설에 등장

수도공항 북쪽의 순의구에 위치하며 시내에서 약 45km 떨어져 있다. 자동차로 약 1시간 거리다.

　　고려영은 단재가 언제 다녀갔는지 연도 미상이다. 하지만 단재의 작품 속에
두 번이나 등장하고, 무엇이든 행동으로 옮기고야 마는 성격을 가진 단재가 반드
시 다녀갔을 것이라고 추정한다.

　　첫 번째 작품은 미완성 소설 『백세노승의 미인담』에 청나라에 끌려온 아내를
찾으러 북경까지 온 남자 주인공의 피신처로 등장하고, 두 번째 작품은 1936년 단
재의 사망 직후인 4월 잡지 『조광』에 발표된 시 「고려영」에 등장한다. 시의 내용을
보면 단재는 고려영을 연개소문이 당 태종 이세민을 추격하여 세운 고구려 군사의
주둔지로 보았다는 것을 알 수 있다. 부제가 있는 짧은 시다.

고려영
고려영은 연개소문 유진처(留陳処)니
북경 안정문(安定门) 외 오십리이다

고려영 지나가니
눈물이 가리워라

86

나는 서생이라
개소문을 그리랴만

가을 풀 우거진 곳에
옛 자취를 서러워하노라

㊶ 신동안시장(新东安市场)

당시 현량사(賢良寺) / 단재의 시에 등장

현량사는 현재 북경의 번화가이자 유명 관광지인 왕부정(王府井) 거리의 북쪽 사거리 동남쪽에 위치하고 있다. 길 건너 북쪽에는 현재도 북경 천주교 동당이 자리하고 있다. 즉, 길 하나를 사이에 두고 북쪽에는 천주교당이 남쪽에는 현량사 절이 있었던 셈이다.

현재는 1998년 문을 연 초대형 쇼핑센터 신동안시장으로 변모했다. 청나라

신동안시장 쇼핑센터의
서북쪽 입구

시대에 지어진 이 절은 단재가 다녀가고 나서 얼마 후 곧 사라졌다고 한다. 100년
전 당시에도 유명한 상업거리였던 왕부정을 둘러본 후 현량사를 방문했을 것이다.
현량사를 방문했을 당시에 지은 단재의 시가 남아 있다. 이 시는 반봉건 사상가로
거듭난 '조선의 선비' 단재의 일면을 잘 보여주는 작품이다. 멸망한 왕조의 은혜에
대해 눈물 한 방울 흘리지 않는 현량사의 불상을 풍자하여 구시대가 이미 마감했
음을 노래하고 있다.

현량사 불상을 보고
집 주고 돈도 주니 통부처의 대가리에
이백년 청실 은혜 산같이 쌓였어라.
은혜를 못 갚을망정 눈물조차 없단 갈가

㊷ 북경대학 도서관(图书馆)
단재가 발행한 중국어 잡지 『천고』 1, 2, 3호 보관

이곳은 당시 연경대학(燕京大学) 캠퍼스로 후에 북경대학과 통합되어 현재 북경대
학의 캠퍼스가 되었다. 현재 이 대학의 도서관에는 단재가 1921년 초두호동(炒豆胡

2019년 촬영한 일부 공사 중인 북경대학 도서관

同)에서 작성하여 발행한 중국어 잡지 『천고』 1, 2, 3호가 국내외를 통틀어 유일하게 온전히 보관되어 있다.

『천고』는 3호까지만 발견되었으나 3호까지의 발행설과 7호까지의 발행설이 있다. 필자는 단재가 1921년 4월 이후 알게 되는 이석증이 후원했다는 기록으로 미루어 7호설을 신뢰한다.

잡지 『천고』는 단재가 중국과 한중연합을 이루어 공동의 항일전선을 구축하기 위해 전체를 중국어로 작성한 잡지다. 그러나 도서관 측은 이 잡지의 열람을 금지하고 있다.

　도서관뿐만 아니라 학교에 들어가는 것도 쉽지 않은데, 관광객이 워낙 많아 면학 분위기를 해친다는 이유로 입장을 제한하는 것이다. 일주일 전에 인터넷으로 예약해야만 선별적으로 입장할 수 있다.

북경의 독립운동 사적

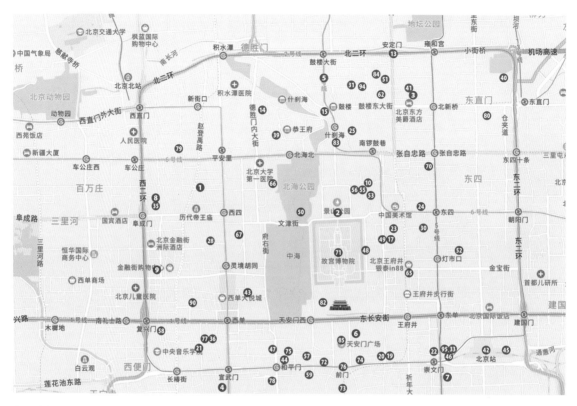

❶ 경사사범대학
　　경사부소일분교(京师附小一分校)
❷ 경산공원(景山公园)
❸ 교도구북이조(交道口北二条)
❹ 교창사조(教场四条)
❺ 구고루대가(旧鼓楼大街)
❻ 국가박물관(國家博物館)
❼ 국서구물중심(国瑞购物中心)
❽ 궁문구사조(宫門口四條)
❾ 금성방서가(金城坊西街)
❿ 납복호동(纳福胡同)
⓭ 당시 안정문(安定门) 장마로(长马路)
　　지화호동(志和胡同)
⓮ 대석호호동(大石虎胡同)의 공안국 유치원
⓯ 대석패호동(大石牌胡同)
⓱ 대초장호동(大草厂胡同) 12호
⓳ 동교민항(東郊民巷) 30호 소구(小區)
⓴ 동교민항(东郊民巷) 34호
㉑ 동린각로(佟麟阁路)
㉒ 동인의원(同仁医院)
㉓ 동창호동(东厂胡同) 28호
㉔ 융복사가(隆福寺街)
㉕ 모아호동(帽儿胡同)
㉘ 병마사호동(兵马司胡同)
㉚ 보방호동(报房胡同) 18호

㉛ 보초호동(宝钞胡同)
㉝ 북경기독교회 숭문문당(崇文門堂)
㉟ 북경노신박물관(北京鲁迅博物馆)
㊱ 북경노신중학(北京鲁迅中学)
㊴ 북경사범대학(北京師範大學)
　　북교구(北校區)
㊵ 북경시 동직문중학(东直门中学)
㊶ 북경시 제이십일중학(弟二十一中学)
㊷ 북경역(北京站)
㊸ 북경역학소학(北京力学小学) 및 북쪽 건물
㊹ 북경제161중학(北京第161中學)
㊺ 북경회문실험중학(北京汇文实验中学)
㊻ 북신화가(北新华街)
㊼ 북지자대가(北池子大街)
㊽ 북하연대가(北河沿大街)
㊿ 북해공원(北海公园)
51 사가호동(谢家胡同) 34호
52 사가호동(史家胡同)
53 사탄북가(沙滩北街)
55 삼안정호동(三安井胡同)
56 삼안정호동(三眼井胡同)
57 서교민항(西交民巷)
58 서철장호동(西铁匠胡同)
59 서하연가(西河沿街)

62 소경창호동(小經廠胡同)
65 신동안시장(新东安市场)
66 애민가(爱民街) 37호
67 예왕부(礼王府)
70 위가호동(魏家胡同)
71 이화원 / 고궁(故宫) / 북해공원 /
　　천단공원(天坛公园)
72 전국인대기관판공루(全國人大機關瓣公樓)
73 전문대가(前门大街)
74 전문동대가(前门东大街) 23호원
75 전세와창호동(前細瓦廠胡同)
76 정양문(正阳门, 전문前门)
77 제이실험소학(第二实验小学)
78 제일실험소학(第一实验小学)
79 중공중앙기율검사위원회[中央纪委]
80 중국중의과학원(中国中医科学院)
82 중산공원(中山公园)
83 지안문외대가(地安门外大街)
84 차련점호동(車輦店胡同)
85 천안문광장(天安門廣場)
90 하강호동(下岗胡同)
94 화풍호동(华丰胡同)
95 효순호동(晓顺胡同)

해방 76년이 되는 2021년 오늘, 우리는 북경에서 독립운동을 했다는 말을 들어보지 못했다. 우리는 '독립운동'이라고 하면 제일 먼저 상해임시정부를 떠올리고, 연이어 만주의 봉오동과 청산리 정도를 떠올린다. 그리고 해방 직전 임시정부의 활동 장소였던 중경까지 떠올리면 더 이상 생각나지 않는다. 이것이 대한민국의 상식 수준이다.

해방 후 나라가 분단되고 각기 다른 이념이 자리하면서 직전의 독립운동을 바라보는 시각도 각 권력에 맞게 편집되었다. 그리고 우리의 찬란한 독립운동이, 그 열렬했던 동지들이 해방 후 한국전쟁에서 서로 죽이고 죽이는 것으로 막을 내렸기에 그들 독립운동가 스스로 조국을 위해 행했던 독립운동의 도덕성을 모두 까먹고 죽어버렸다.

독립운동은 당시 태어난 세대의 숙명과도 같은 과제였다. 그 상황이 오늘날 벌어졌다면 당연히 우리의 과제가 되었을 것이다. 독립운동 기간 내내 좌우합작을 이루어내지 못하고 해방 후 민족을 대표할 세력을 만들어내지 못하여 분단의 단초를 제공한 것도 그들이고, 그렇게 해소되지 못한 이념의 갈등 속에서 아무 준비 없이 해방을 맞아 분단과 전쟁으로 이어지도록 한 것도 그들이다.

나는 지금 북경의 잊힌 독립운동사를 이야기하려 한다. 이들이 빨갱이가 되어 역사에서 사라졌든, 권력의 반동으로 낙인찍혀 역사에서 사라졌든 간에 남북에서 모두 기록되지 못했다. 지금에 와서 우리 후손들이 이 역사를 논함에 이념과 권력 성향을 덧씌우거나 색안경을 끼는 것은 더 이상 무의미하다.

현재를 기록하지 않으면 사라지는 역사도 존재한다. 개발의 바람에 나날이 사라져가는 북경의 골목 한구석이 그러하다. 나는 기록되지 못한 역사적 사실을 복원하고 그 평가는 통일시대를 살아갈 후손들에게 맡길 뿐이다.

북경이 우리 독립운동사의 4대 성지가 되기를 바라는 마음 간절하다.

❶ 경사사범대학 경사부소일분교(京師附小一分校)

당시 경사제일소학교

우당 이회영 선생의 차녀 이규숙(1910~2009), 4남 이규창(1913~2005) 남매가 이 학교를 다녔다. 정확히 몇 년도에 다녔는지는 기록이 없으나, 우당이 북경에 있었던 시기를 감안하면 1920년대 초일 것으로 추정된다. 이 학교 교장이 망명 독립운동가임을 감안하여 학비를 면제해주었다고 한다.

❷ 경산공원(景山公園)

경산공원은 자금성 북쪽에 위치한 인공산이다. 명나라 만력제가 자금성을 짓던 15세기 초에 자금성의 해자를 판 흙을 쌓아 만든 산이 경산이다.

이 경산 인근에 북경대학 제1원과 제2원이 있고, 우당 이회영이 살던 이안정호동과 장지락이 살던 삼안정호동, 그리고 북경대학 기숙사 등이 있어 우리의 많은 독립운동가들이 다녀갔을 것으로 추측되지만 명확한 기록은 남아 있지 않다.

한 가지 확인되는 기록은 당시 민국대학 유학생이며 아나키스트였던 정래동이 1949년 서울에서 발표한 수필집 『북경시대』를 보면 「경산에 올라서」라는 글을 찾을 수 있다. 이 글은 수필로 경산에 대한 감상을 담은 것이지만, 저자 정래동도 독립운동가였으므로 그가 경산공원에 다녀간 사실을 확인한 것이다.

정래동은 1930년 민국대학 영문과를 졸업하고, 1932년까지 중국문학을 연구했다. 그와 동지들은 1931년 우당 이회영을 도와 천진의 일청기선과 천진 일본 영사관 폭탄 투척사건을 결행했다.

❸ 교도구북이조(交道口北二条)
당시 안정문이조호동(安定門二条胡同)

번지수는 확인되지 않으나 이 골목에 의열단원 김국빈(金國斌)이 거주했다. 그는 1919년 상해임시정부 의정원에서 활동했고, 1921년 5월 신채호, 김정묵, 박봉래(朴鳳來) 등이 임시정부의 개혁을 촉구하기 위해 상해에서 발기한 통일책진회에서

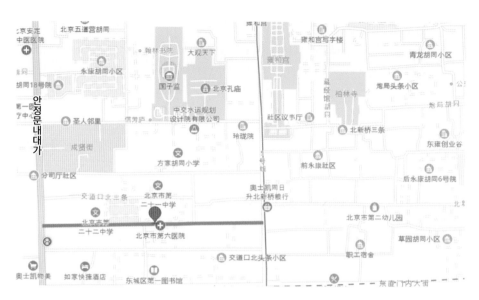

교도구북이조 골목의 표지판과 동쪽에서 바라본 사진

활동했다. 1923년에는 이화형 등과 대한독립의용단에서 활동했다.

　　또한 이 골목에 서간도 군정서 소속 김철(金哲, 미상~1930, 건국훈장 애국장)이 거주했다. 그는 1923년 7월 북경에 도착했다.

❹ 교창사조(教场四条)

이 골목에 1910년대 후반 김립(金立, 본명 김익용金翼容, 호 일세一洗, 1880~1922)이 거주
했다. 그는 1911년 블라디보스토크에 만들어진 한인 단체인 권업회에 참여했고,
1912년 시베리아에 광성학교와 길성학교를 설립했다. 1913년에는 북간도 간민
회에 참여했다. 이후 이동휘의 측근이 되어 공산주의에 감화되었고, 1918년 4월
이동휘, 한형권, 김알렉산드라와 함께 한인사회당을 결성하고 선전부장이 되었다.
1919년 9월 상해임시정부 군무원 비서장에 선임되었다. 1921년 이동휘와 함께
고려공산당 상해파 결성에 참여해 비서부장에 선임되었다. 그러다가 1922년 국
제공산당 자금사건에 연루되어 김구에 의해 피살되었다.

역시 1910년대 후반에 이동춘(李同春, 1872~1940, 건국훈장 애국장)이 이곳에 거주
했다. 원세개가 서울에 주재할 때 통역관이던 그는 1910년 북간도 이주민의 토지
문제와 현지인과의 마찰 문제로 원세개를 방문하기 위해 북경에 다녀가기도 했
다. 또한 그는 1914년 상해에서 예관 신규식이 주도한 신한혁명당 조직에 참여하
여 연길 지부장이 되기도 했다. 자신의 가옥을 간민회관으로 제공했으며, 간도 전

역에 중·소학교 70여 개교를 설립하여 김약연(金躍淵), 조희림(曺喜林), 박동원(朴東轅), 황병길(黃炳吉), 양하구(梁河龜) 등과 함께 인재를 양성하는 데 온 힘을 기울였다. 또한 그는 기독교 계통의 인물로서 군무독군부(軍務督軍府)에 가담하여 최명록(崔明錄), 박영(朴英), 이춘승(李春承) 등과 함께 국권회복운동을 전개하기도 했다.

❺ 구고루대가(旧鼓楼大街)

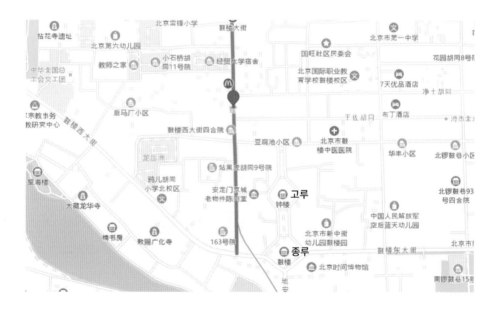

북경의 종축선상에 위치한 고루와 종루의 서쪽길이 구고루대가다. 이 길의 어느 번지에 의열단원 김대지(金大池, 1891~1942, 건국훈장 독립장)가 거주했다.

그는 3.1독립운동 후 상해임시정부에 참여했고, 1920년부터 의열단에 가입하여 활동했다. 1921년에는 동물원 창관루에서 열린 북경 군사통일주비회에 참여했다.

1919년 3.1독립운동이 일어나자 시위에 참여했다가 만주로 망명하여 독립운동을 계획했으며, 이어서 1919년 상해로 건너가 대한민국임시정부 수립에 참여했다. 1919년 4월 10일 초대 임시정부 의정원 의원에 선출되어 의정 활동에 참여했고, 그 후 임시정부 교통차장, 내무위원 등을 역임했다.

　　1920년에는 김원봉(金原鳳)의 의열단(義烈團) 조직에 음으로 양으로 지원을 아끼지 않았으며, 곽재기(郭在驥)의 밀양경찰서 폭탄 투척 및 일제 요인 사살 계획에도 참여했다.

　　1921년 11월에는 북경에서 임시정부와 별개로 조직된 조선공화정부(朝鮮共和政府)에 참여하여 이상용(李相龍)을 대통령으로 추대하고 자신은 내무총장에 임명되어 소위 삼남파(三南派)에 의한 정부를 경영하기도 했다.

❻ 국가박물관(國家博物館)
당시 경사경찰청(京師警察廳)

현재의 국가박물관은 당시의 경사경찰청을 허물고 다시 지은 것이다.

　　1925년 9월 28일 김성숙이 신원 증명을 위한 사진을 제출하지 않아 경사경찰청에 소환된다. 김성숙은 북경 한인의 사진이 공공연히 일제에 제공되는 사실을

천안문광장 쪽에서
국가박물관을 바라본
사진

알고 이를 거부해오다가 소환된 것이다.

    1925년 5월부터 국내의 치안유지법과 함께 6월부터 만주에 미쓰야협정이 발효되어 봉천군벌 장작림이 독립운동가들을 잡아들이고 있었다. 당시 장개석의 북벌이 완성되기 전이던 북경에는 장작림뿐만 아니라 단기서도 일제와 친밀한 관계를 가지고 있었고, 북경은 이들 북양군벌이 장악하고 있었다. 이 일이 있은 후 김성숙은 장지락과 함께 중국혁명에 참여하기 위해 광주(广州)로 이동하게 된다.

❼ 국서구물중심(国瑞购物中心)

당시 숭문문대가 상이조호동(上二条胡同) 27번지 /
박용만 대륙농간공사(大陸農墾公司) 설립(2설) 및 박용만 피살지

숭문문사거리 동남쪽이다. 당시의 옛 지도와 비교해보면 골목 자체가 모두 사라지고 쇼핑센터로 바뀌었다. 숭문문대가 남쪽 첫 번째 골목이 상두조호동(上头条胡同)이고 그 아래 골목이 상이조호동(上二条胡同)이었는데, 이 두 골목 모두 쇼핑센터를 지으면서 흔적도 없이 사라졌다. 즉, 현재의 쇼핑센터가 상이조호동을 깔고 앉은 셈이다.

    상이조호동에는 대륙농간공사가 있었다는 것이 학계의 2설이다. 전문대가(前

국서구물중심 쇼핑센터의
서북쪽에서 바라본 사진

门大街) 서쪽의 서하연가에 있었다는 설과 이곳에 있었다는 설 두 가지가 있다. 독립기념관의 홈페이지에는 27번지에 대륙농간공사가 있었던 것으로 표기하지만, 학자들의 논문에는 서하연가를 비정하고 있다.

또한 이 골목에서 박용만이 최후를 맞는데, 1928년 10월 17일 의열단원 이구연(李龜淵, 가명 이해명李海鳴, 1896~1950, 건국훈장 독립장)이 이 골목에 있었다는 박용만의 거주지 앞에서 그를 살해한다. 박용만은 당시 밀정 혐의를 받고 있었다.

⑧ 궁문구사조(宮門口四條)

당시 부성문내사조(阜成門內四條)

번지수와 건물은 확인되지 않는다.

1929년 봄 약산 김원봉이 의열단 본부를 다시 북경으로 옮긴 후, 공산주의자 안광천(安光泉, 1897~미상)을 만나 그와 함께 조선공산당재건동맹(朝鮮共産黨再建同盟)을 조직하고, 이 골목에 '레닌주의정치학교(Lenin主義政治學校)'를 설립한다. 안광천과 김원봉이 공산주의 이론, 조직투쟁사, 조선혁명사를 직접 강의했고, 이 학교에서 『레닌주의(Lenin主義)』라는 잡지를 발간하기도 한다.

조선공산당재건동맹 위원장은 안광천이 맡았고, 주요 간부로는 김원봉, 박건웅(朴健雄, 1906~미상, 건국훈장 독립장), 이영준(李英駿, 1900~미상, 건국훈장 독립장), 박문경, 이현경(안광천 부인), 박차정(朴次貞, 1910~1944, 건국훈장 독립장)이 중앙부 7인 위원을 맡았다. 박차정은 오빠 박문호를 따라 북경으로 망명했고, 이곳에서 김원봉을 만나 1931년 결혼한다. 그리고 박차정의 오빠 박문호는 선전부 책임자로 이곳에서 활동했다.

1930년 4월부터 9월까지 6개월 과정의 레닌주의정치학교 1기 졸업생으로 정동원, 류진해, 김무 등 10여 명이 배출되었고, 1930년 10월부터 1931년 2월까지 과정의 2기 졸업생으로 권린갑 등 11명이 배출되었다. 안광천과 김원봉은 이들 졸업생 20여 명을 국내에 파견했다.

김원봉과 박차정은 곧이어 남경으로 가서 장개석의 후원하에 1932년 조선혁명정치군사간부학교를 만든다.

또한 이 골목에 지청천의 참모이자 한국독립군 암살대대장 출신 이우정(李禹正)이 거주했는데, 1933년 말 동북에서 지청천과 참모 이우정, 대원 홍만호, 김원식(金元植, 1888~1940, 건국훈장 독립장), 최현문, 신숙, 오광선 등이 북경을 거쳐 남경으로 가서 대원 50여 명이 낙양군관학교에 입학하게 되었다. 이때 이우정은 북경에 남아 이 골목에 거주하며 동북에 잔류한 독립군과 남경에 있는 독립군의 연락책 역할을 했다.

❾ 금성방서가(金城坊西街) 인근

당시 전살대호동(前撒袋胡同) 6호

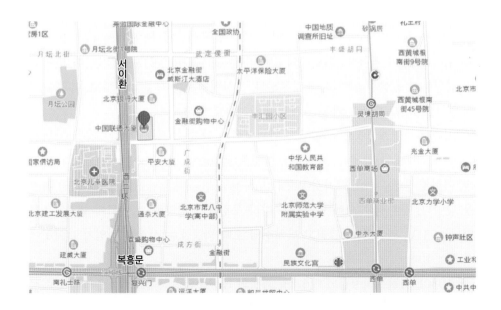

옛 지도와 비교하면 전살대호동은 이 인근에 있었다.

아나키스트 이을규가 한때 이곳에 거주했다. 당시 고지도와 대조해보면 현재 북경 서쪽 금융가의 서남쪽 골목인 금성방서가 인근으로 확인된다. 하지만 이곳은 천지 개벽을 하여 빌딩 숲이 되어버렸고, 당시의 골목과 건물은 흔적도 없이 사라졌다.

⑩ 납복호동(纳福胡同)

당시 납복호동 4호 천흥공반점(天兴公饭店)

1930년 11월 20일 장지락이 서성구(西成區) 공과대학 인근에서 체포되던 날 류령 (제숙영)과 함께 이 호텔에 류청화, 류금명이라는 이름으로 투숙하고 있었다. 이후 천진 일본영사관, 신의주감옥을 거쳐 풀려난 후, 고문 후유증으로 고향에서 잠시 요양했고, 1931년 북경으로 돌아왔으나 아무도 믿어주지 않고 류령(제숙영)도 찾 지 못했다.

⓫ 노구교(卢沟桥)

1937년 7월 7일 중일전쟁 발발지

노구교의 동남쪽에서 다리 전체를 조망한 사진. 수많은 돌사자로 유명하며, '마르코폴로 다리'라는 별칭으로도 널리 알려져 있다.

1937년 7월 7일 노구교사건으로 중일전쟁이 발발한 날, 이 전투에 참가한 조선인이 있었다. 국민당군 29군 중 이 지역 완평성(宛平城)에 주둔하던 장자충(張自忠, 1891~1940) 부대의 180사단 소장급 참모장이던 김자열(金子烈, 1897~1961)이다.

같은 시기 하북성 랑팡역(廊坊站) 전투의 113여단 228단 상좌급 부관 강석훈(姜錫勛, 1896~미상)도 있었는데, 이들은 모두 일본과의 전투에 참여했다.

중국의 흥미로운 역사 해석 하나를 짚고 넘어가자. 우리는 보통 중국이 청일전쟁에서 졌다는 내용의 역사를 가르치지만, 중국은 청일전쟁이 이후 50년간 이어진 항일과 반파쇼전쟁의 일부 전투에서 진 것일 뿐 결국 1945년 승리했다고 가르친다. 2015년 9월 3일 대한민국 대통령이 시진핑 국가주석과 함께 천안문에 올라 중국의 전승 70주년 행사에 참석한 적이 있다. 그런데 이 행사의 정확한 명칭은 '중국 인민항일전쟁 및 반파쇼전쟁 승리 70주년' 행사였다는 것이다. 결국 이들의 해석은 50년간 이어진 전쟁에서 1945년 기어이 승리했다고 역사를 가르치는 것이다.

⑫ 당시 동성(东城) 인화공우(人和公寓)

동성구의 어디쯤인지 찾아내지 못했다.

　노령에서 자유시참변을 겪은 조성환이 1921년 10월 북경으로 돌아와 이곳에서 1년간 거주했다.

　류자명이 북경에 망명한 1921년 4월 이후 그보다 먼저 북경에 도착해 이곳에 거주하던 김응룡, 김성환, 이재성(李載誠, 1887~1925, 건국훈장 애족장)을 찾아 간간이 같이 거주하기도 했다. 이때 조성환이 대선배로서 1921년 연말부터 이곳에서 이들에게 중국어를 가르쳤다.

조성환(曺成煥, 호 청사晴蓑, 1875~1948, 건국훈장 대통령장)

⑬ 당시 안정문(安定门) 장마로(长马路) 지화호동(志和胡同)

옛 지도의 미비함으로 현재의 어느 골목인지 확정하지 못한 골목이다.

　1923년 만주의 호랑이 김동삼(金東三, 호 일송一松, 1878~1937, 건국훈장 대통령장)이 이 골목에 거주하며 서로군정서 대표로 북경에서 열린 국민대표회의 예비회의에 참가하여 의장으로 회의를 진행했다.

⑭ 대석호호동(大石虎胡同)의 공안국 유치원
　당시 평민대학(平民大学)

당시 평민대학이던 이곳은 현재 북경시 공안국 산하의 유치원이 되었다.

　1921년 중국으로 망명 온 이상도(李相度, 1897~1944, 건국훈장 애족장)가 평민대학에 유학하면서 의열단에 가입하여 활동했다.

　　1924년 학생구락부를 조직한 운암 김성숙은 1925년 이름을 '고려유학생회'
로 바꾼다. 그리고 그해 11월 이곳 평민대학에서 고려유학생회 정기총회를 열고,
본부를 북대홍루에서 이곳 평민대학으로 옮긴다. 회장 김성숙, 서무부 우근식, 차
준용, 회계부 이석화(李錫華), 전순일, 문예부 이락구, 김용찬, 사교부 장지락 등으
로 개편했다. 후에 무정부주의자였던 류기석은 탈퇴했다.

　　1928년 상해 민족유일당운동에 참여한 이규운(李奎運, 1905~1936, 건국훈장 애국
장)이 입학했다.

　　1932년 훗날 조선의용대 화북지대 정치지도원 김학무(金學武, 본명 김준길金俊吉,
1911~1943, 건국훈장 독립장)가 평민대학에 입학하여 졸업했다.

　　중국중앙육군군관학교 성자분교를 졸업하고, 조선청년전위동맹 및 조선의용
대원으로 활동한 1916년생 이달이 연도 미상으로 재학했다.

　　조선불교유학생회와 고려유학생회에서 김성숙과 함께 활동한 윤종묵이 법학
과에 연도 미상으로 재학했다.

⑮ 대석패호동(大石牌胡同)

당시 대석패호동 10호

남형우(南亨祐, 1875~1943, 건국포장)가 이 집에 거주했다. 그는 1919년 3월 해삼위(海蔘威, 블라디보스토크) 신한촌(新韓村)에서 설립한 대한국민의회(大韓國民議會)의 산업총장(産業總長)에 선임되었다. 동년 4월에는 국권회복단에서 모금한 독립운동 자금을 가지고 상해로 건너가 대한민국임시정부 수립에 참여하여 임시의정원에 참여하고 임시정부 법무차장에 임명되었다.

1921년 상해와 북경 사이를 오가며 국민대표회의 주비위원장에 선임되었다.

1923년에는 이 집에서 김창숙, 이학조, 백운, 서동일(徐東日) 등과 국민당(國民黨)을 조직하고 이사장이 되었다. 같은 해 국민당을 기반으로 북경성 마사묘(麻四廟)에서 배천택(裵天澤) 등과 '다물단(團)'을 조직하고 독립운동 자금을 모집하기도 했다. 1923년에는 다물단원 서동일을 귀국시켜 경북 일대에서 군자금을 모집했는데, 서동일은 체포되어 옥고를 치르기도 했다.

⑯ 도향원북사구(稻香园北社区) 일대

당시 해전(海淀)의 중심지

시골이었던 곳이
현대화되어 옛 모습을 찾기
어렵다. 고지도와 비교할
때 이 위치가 해전의
중심지였다.

현재 중관촌의 아파트 단지로 변한 이곳은 당시 북경시 외곽 '해전'이라는 촌의 작은 마을이었다. 현재 북경 서북의 해전구(海淀区)는 이 마을의 이름에서 유래했다.

위치는 해전교(海淀桥) 동남쪽이며, 당시 마을의 서쪽 만천하(万泉河)부터 서쪽으로 이화원까지는 모두 농지였다. 1924년 8월경 도산 안창호와 김승만(金承萬, 호

죽림竹林, 1890~1938, 건국훈장 독립장), 안정근(安定根), 의사 이자해(李慈海, 1893~1967, 건국훈장 독립장) 등 4인이 이곳의 땅을 매입하여 '해전농장(海淀农场)'을 공동 경영한다. 안창호의 이상촌 건설 시도였던 셈이다.

당시 주문빈의 아버지인 김기창 목사도 인근 선연가 12호에 거주하며 안창호를 도와 이 지역에서 활동했다. 그는 신민회 시절부터 안창호와 친분이 있었다.

⓱ 대초장호동(大草厂胡同) 12호

한영복(韓永福, 가명 한세량韓世良, 1867~1935, 건국훈장 애족장)이 1921년 거주하던 곳이다.

한영복은 1921년부터 1931년까지 대한민국임시정부 외교부 북경 주재 외교위원, 대한대독립당주비회 기관지 기자 등으로 활동했다.

1921년 6월 북경에서 신채호, 이회영과 함께 잡지 『천고(天鼓)』를 창간했고, 같은 해 8월 15일 대한민국임시정부 외교부 북경 주재 외교위원으로 임명되어 활동했다. 같은 해 9월 25일 북경 거주 조선기독교청년회 소속 회원들과 박용만(朴容萬)이 주도한 군사통일회(軍事統一會)와 보합단(普合團)에 독립운동자금 등을 후원할 것을 협의했다.

1921년 이광(李光), 조성환(曹成煥) 등과 교육회를 조직하고 『부득이(不得己)』라는 신문을 발행했으며, 1922년 국한문 신문 『독립공보』를 발행했다.

1930년 대한대독립당주비회 기관지 『조선(朝鮮)의 혈(血)』 기자로 활동했으며, 1931년에는 북경 조선유학생회 조직을 지도했다.

⓲ 도향원북사구(稻香园北社区) 일대
당시 해전(海淀) 아신의원(亚新医院)

당시 연경대학 남쪽, 즉 현 북경대학 남쪽인 이곳 해전 마을의 중심에 안창호와 함께 활동하던 의사 이자해가 아신의원(亚新医院)을 열었다. 현재 이 인근은 옛 모습이 거의 남아 있지 않고 모두 깨끗이 헐린 후 빌딩들이 들어서 있다. 따라서 인근

이 일대이지만 옛 모습을
찾기는 불가능하다.

만 추정할 뿐 옛 모습을 찾는 것은 포기할 수밖에 없다.

3.1독립운동 후 만주로 건너가 대한독립단의 유격대를 조직하여 국내 진공작전을 펴기도 했던 이자해는 1923년 북경으로 망명했다. 망명한 이듬해인 1924년 8월경 안창호, 김승만, 안정근, 김기창 등과 해전농장을 경영하며 아신의원을 열고 진료 활동을 했다.

⑲ 동교민항(東郊民巷) 30호 소구(小區)
당시 육국반점(六國飯店)

육국반점은 현 동교민항 30호 아파트 단지가 들어서 있는 곳에 있었다. 최고인민법원 사거리의 동남쪽이다. 중국 측 자료의 오류로 필자는 한동안 화풍빈관으로 잘못 알고 있었다.

이 호텔은 모두 3기로 나누어 지어졌는데, 1901년 처음 완공되었을 때는 서양 교회 같은 모습이었고, 1905년 증축 시 동교민항을 장악한 6개국인 영국, 프랑스, 미국, 독일, 일본, 러시아가 확장공사에 참여하여 '육국반점'이라는 이름으로 불렸다. 그리고 1925년 중심 건물을 한 층 더 올려 4층으로 만들고 주변에 새로운 건물까지 지었다. 따라서 1920년 8월 이 호텔을 다녀간 안창호 선생은 육국반점이

도산 안창호가 다녀간
증축 전 2기 육국호텔

육국호텔이 헐리고
아파트가 들어섰다.

3층일 때 다녀간 것이다. 이 호텔은 이후 여러 나라의 공사관이 상주하기도 했고, 동교민항 외교가의 주요 호텔이 되었다. 이 외에도 중국 근현대사의 여러 사건이 이 호텔에서 벌어졌다.

우리와의 인연은 1920년 8월 미국 의회 동양시찰단이 이 호텔에 묵는다는 소식을 접한 상해임시정부가 당시 외무차장이던 도산 안창호와 통역 등 4인을 파견하여 이들을 영접하고 회의를 하게 한 것이다. 하지만 이미 가쓰라-태프트 밀약으로 비밀리에 조선의 식민지배를 인정한 미국은 조선 독립에 협조해달라는 안창호의 호소하는 말을 듣는 둥 마는 둥 떠나버렸다. 가쓰라-태프트 밀약이 세상에 알려지기 4년 전의 일이었다.

또 이를 취재하기 위해 동아일보 특파원 장덕준이 이곳에 방문했고, 미 의원단에 한국의 독립 요구를 알리는 데 힘썼다. 그는 연말에 간도참변을 취재하기 위해 북간도에 갔다가 일본군에 의해 살해당한다.

돌이켜보면 이는 참으로 코미디 같은 사건이다. 미국에 기대어 독립을 하겠다고 외교독립론을 내세워 조선인이 아무도 없는 상해에 임시정부를 수립하고, 미국에 있는 이승만까지 대통령으로 내세웠지만, 미국은 이미 오래전인 1905년 가쓰라-태프트 밀약으로 조선을 버린 지 오래였다.

이 장소는 임시정부 외교론의 허상을 상징하는 곳으로 알려져야 한다. 그리고 이 장소를 처음으로 고증하고 발굴하여 알린 이가 바로 필자다. 현재는 건물이 헐려 옛 흔적은 모두 사라졌지만, 외세로 독립할 수 없다는 단재 신채호와 북경 무장투쟁 정신을 역설적으로 상징하는 장소로 충분하다.

㉔ 동교민항(东郊民巷) 34호
당시 대한제국 공사관

동교민항은 천안문광장 동쪽에 위치한 골목의 이름으로 2차 아편전쟁 이후 청나라 평등외교의 상징이 된 곳으로, 각국 공사관이 위치해 있었다. 특히 의화단전쟁

대한제국 공사관 자리에
인도차이나은행이 새로 지었다고
추정하는 건물이다. 이 건물
자체가 대한제국 공사관이었을
가능성도 남아 있다.

이후로는 각국의 병영까지 들어서서 서세동점의 전초기지가 된 곳이기도 하다.

　이러한 동교민항의 목 좋은 곳 34번지에 1903년 4월 대한제국 공사관이 세워졌다. 하지만 을사늑약 이후 일본에 의해 1906년 12월 프랑스 인도차이나뱅크에 건물과 집기가 모두 매각되었다.

　현재 이 주소에 남아 있는 분홍색 건물은 1917년 인도차이나뱅크 측에서 기존의 건물을 헐고 신축한 것이라고 알려져 있다.

　이 건물에 예관 신규식 선생이 다녀간 기록이 있다. 1912년 1월 그가 이 골목을 다녀가며 남긴 한시 한 구절이 전한다.

"이전의 한국공사관 자리가 어느새 프랑스 동방회리은행 대출기구로 되어 마치 무엇을 잃은 듯 허전한데 저쪽엔 태양기가 높이 걸려 있지 않은가"

여기서 '저쪽의 태양기'는 현재도 이 골목에 남아 있는 일본은행 건물 첨탑 위의 일장기를 가리키는 것이다. 당시 신규식 선생은 낯선 땅 북경에서조차 망해버린 조선과 그에 대비되는 일본을 마주했다.

㉑ 동린각로(佟麟阁路)

당시 동린각로 60호 대련공우(大连公寓)

이 주소지에 당시 '대련공우(大连公寓)'라는 하숙집이 있었다. 북경제이실험소학사거리의 바로 남쪽에 위치한다. 현재의 번지수가 당시와 같은지는 확인할 길이 없다. 하지만 다르다 하더라도 멀지 않은 곳이라 추정한다.

이곳은 김성숙이 1923년 민국대학에 재학하기 위해 거주하던 곳으로 학교

현재의 동린각로 60호
건물

와 불과 100여 m 떨어져 있다. 그는 이곳에 거주하며 단재와 류자명의 영향으로 1923년 의열단에 가입하여 곧 선전부장이 된다.

1924년에는 양명과 함께 이르쿠츠크파 공산주의 조직인 창일당을 조직하고, 기관지『혁명』발행에 실무 책임을 맡는다. 이 잡지는 1925년 1월부터 그가 북경을 떠난 이후인 1927년 2월까지 발행되었다. 당시 김성숙은『혁명』의 핵심 인물로 활동하면서 코민테른 책임자 보이틴스키(G. Voitinsky) 및 중국공산당 창시자 이대조(李大釗) 등을 만나기도 한다. 또한 잡지『혁명』에는 이대조가 글을 기고하기도 했다.

1925년 초에는 보이틴스키가 조선공산당의 코민테른 승인을 얻기 위해 북경에 온 조봉암(曺奉岩, 호 죽산竹山, 1898~1959)과 조동호(趙東祜, 호 유정楡亭, 1892~1954, 건국훈장 독립장)를 김성숙에게 소개하기도 한다.

김성숙은 1925년 중반 중국혁명에 참여하기 위해 광주(广州)로 내려가 중산대학에 입학하여 의열단의 정치간부로 키워진다.

1920년대 중반 이곳 대련공우는 김성숙 외에도 많은 조선인 무정부주의자 들이 거주하는 집단거주지이기도 했다.

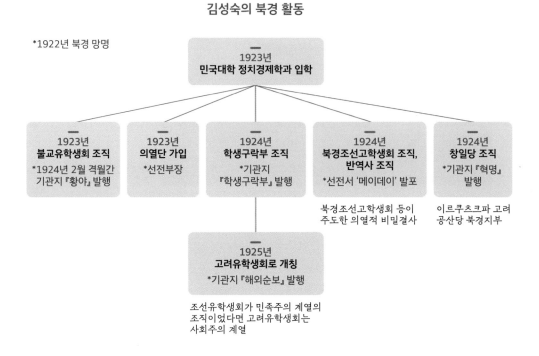

김성숙의 북경 활동

*1922년 북경 망명

1923년
민국대학 정치경제학과 입학

1923년
불교유학생회 조직
*1924년 2월 격월간
기관지 『황야』 발행

1923년
의열단 가입
*선전부장

1924년
학생구락부 조직
*기관지
『학생구락부』 발행

1924년
북경조선고학생회 조직,
반역사 조직
*선전서 '메이데이' 발포

북경조선고학생회 등이
주도한 의열적 비밀결사

1924년
창일당 조직
*기관지 『혁명』
발행

이르쿠츠크파 고려
공산당 북경지부

1925년
고려유학생회로 개칭
*기관지 『해외순보』 발행

조선유학생회가 민족주의 계열의
조직이었다면 고려유학생회는
사회주의 계열

㉒ 동인의원(同仁医院)

동인의원은 숭문문교회를 만든 미국 감리교단에서 지은 병원이다. 현재는 옛 건물이 사라지고 현대식 병원 건물이 들어서 있다.

　1919년 파리강화회의에 고종이 다섯째 아들 의친왕을 파견해 독립 의지를 알리고자 했고, 북경을 그 출발점으로 삼았다. 이에 이들 일행을 안전하게 파리까지 갈 수 있도록 하기 위해 손정도 목사와 현순 목사를 북경에 미리 파견했다. 이들이 북경에 도착해 주요 활동 거점으로 삼은 곳이 숭문문교회였다.

　1919년 2월 손정도 목사가 북경에 먼저 도착했는데, 이 병원의 숙소에 머무르며 고종의 밀명을 준비하고 있었다. 그런 도중 3월에 손정도 목사의 건강이 악화되어 바로 이 병원에 입원했다. 그 후 건강이 좋아지자 3월 8일 이 병원에서 현순

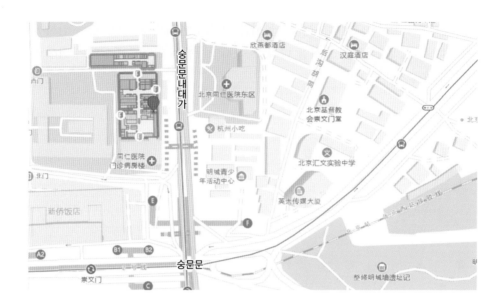

1920년 전후의
동인의원(위 왼쪽)과
현재의 동인의원(아래)

목사, 최창식 목사와 합류한 손정도 목사는 고려기독청년회와 여러 단체 인사 등을 만나 북경 독립운동의 초석을 다진 후 상해임시정부 수립에 참여하기 위해 동지들과 함께 상해로 간다.

㉓ 동창호동(东厂胡同) 28호
당시 동창호동 1호 일본영사관 부속 헌병대 감옥 / 이원대와 이육사 순국지

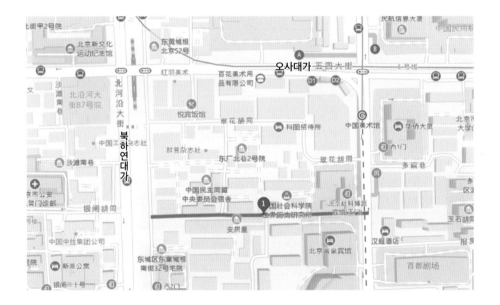

이곳은 1937년 중일전쟁 이후 일본영사관의 부속 헌병대가 주둔하던 곳이다. 당시의 주소는 동창호동 1호였다. 현재도 건물이 남아 있는데, 의열단원이자 시인인 이육사가 순국한 곳으로 알려진 건물의 지하공간도 아직 그대로다. 이 건물의 북동쪽 사회과학원 자리가 옛 일본영사관이 있던 곳이다.

이 건물은 우리 독립운동가 두 분이 순국한 곳이다. 1943년 조선의용대원 이원대(李元大, 가명 마덕산馬德山, 1911~1943, 건국훈장 독립장)가 태항산에서 전투 중 생포되어 석가장 수용소를 거쳐 이곳으로 끌려왔다. 그리고 이곳에서 1943년 6월에

122

당시 헌병대 부속 건물 중 안쪽에 남아 있는 지하감옥
추정지(좌)와 2015년 8월 15일 광복절에 이곳을 답사 중인
북경한국국제학교 박진우 어린이(우)

순국했다. 그는 김원봉과 윤세주(尹世胄, 호 석정石正, 1901~1942, 건국훈장 독립장)가 이
끄는 조선혁명정치군사간부학교 2기생으로 정율성(鄭律成, 본명 정부은, 1914~1976)
과 동기다.

　　1944년 1월 16일에는 이육사가 모진 고문
끝에 두 눈을 뜬 채 순국했다. 그는 조선혁명정
치군사간부학교 1기생으로 윤세주와 동기이
며 절친이었고, 앞서간 이원대의 선배였다. 그
의 유해는 같은 감옥에서 1월 11일 석방된 의
열단원이자 친척인 이병희(李丙禧, 1918~2012, 건
국훈장 애족장) 여사에 의해 수습되어 화장되었
다. 그리고 그의 대표적인 시 중 「광야」와 「청
포도」가 사후 이병희 여사에 의해 이 옥중에서
발견되어 세상에 알려졌다.

이육사(李陸史, 본명 이원록李源祿,
1904~1944, 건국훈장 애국장)

㉔ 융복사가(隆福寺街)

당시 융복사가 대동공우(大東公寓)

대동공우는 옛 융복사의 서쪽 골목에 위치하고 있었으나 지금은 흔적이 사라졌다. 이곳이 바로 여러 자료에 나오는 동성구 동사패루(东四牌楼) 대동공우다.

불교 유학생 김봉환이 거주했다. 김성숙과 함께 활동했으며, 1924년 불교유학생회 기관지 『황야』를 집필했고, 학생구락부와 이르쿠츠크 고려공산당 계열의 창일당을 조직했다.

다물단원 정인교가 거주했다. 1920년 의열단에 가입하고 단재가 이끌던 대한독립청년단의 단원으로 활동했다. 1921년에는 군사통일주비회의 간사로 활동했고, 국민대표회의를 추진하는 데도 힘을 보탰다.

다물단원 이우민이 거주했다. 1921년 중한호조사를 조직하는 데 참여했고, 1922년 육영학교 설립에 관여했다. 1923년 9월 다물단에 입단했다.

중한호조사 회원 장승조(張承祚)가 거주했다. 육영학교 설립을 위한 자금 모금에 관여했다.

조중구(趙重九, 1880~1942, 건국훈장 애국장)가 거주했다. 1920년 임시정부 의정원 의원을 역임했고, 1922년 중한호조사 교제과 간사로 일했다. 1922년 북경에 와서 이우민, 장승조 등과 육영학교 설립을 추진했다.

1923년 11월 이곳에서 정선호와 이범수 등의 주도하에 북경조선고학생회와 의열적 성격의 반역사(反逆社)가 조직되었다. 김성숙이 이 두 단체를 주도했고, 반역사는 1924년 『메이데이』라는 기관지를 발행했다. 1925년 1월 22일에는 고학생에게 반일을 추동하는 취지서를 배부하는 등 항일활동을 전개했다. 반역사의 중심에는 김성숙, 김봉환, 김대정, 김규하, 차응준, 김정완, 류자명 등이 핵심 단원으로 활동했다.

㉕ 모아호동(帽儿胡同)

모아호동은 북경의 유명한 관광지 남라고항(南锣鼓巷)의 서쪽에서 이어진 골목 중 하나다. 남라고항 길 중간쯤의 중앙희극학원 맞은편 골목으로, 당시 부자들이 살

1950년대 북한 대사관저로 쓰이던 모아호동 11호

던 골목이다. 사진은 모아호동 11호 북한 대사관저로 쓰이던 건물이다.

아나키스트 정현섭(정화암)이 이 골목에 사는 조선인 부자 고명복(밀정 이근홍의 첩이 그의 이모)에게 영정하 개발을 지원하도록 요청했으나 거절당했다. 1923년 겨울 심산 김창숙은 독립자금을 마련하기 위해 이을규, 이정규, 백정기와 함께 이 골목에 있던 친일파 고명복의 집 담을 넘어 패물을 빼냈다. 이것이 모아호동 사건이다. 이 사건은 다음날 신문에 대서특필 되었다. 이 사건으로 마련된 돈은 1924년 4월 이회영이 결성한 재중조선무정부주의자연맹을 결성하는 데 쓰였다.

동쪽 입구의 11호 대저택은 북양정부 총통 풍국장(冯国璋)이 구입하기도 했고, 1949년 중화인민공화국 건국 후 북한의 주 북경 대사관저로 사용되기도 했다.

골목 서쪽에는 청나라 마지막 황제인 부의(傅儀)의 황후 완용(婉容)이 시집가기 전까지 거주하던 저택도 남아 있다.

㉖ 모아호동(帽儿胡同)

당시 모아호동 29호

우당 이회영의 마지막
북경 거주지

1925년 우당 이회영의 여섯 번째이자 마지막 북경 거처다. 1925년 10월 초에 막
냇동생 이호영의 소경창호동(小经厂胡同) 26호에서 이 집으로 이사하여 천진 프랑
스 조계 대길리(大吉里)로 이사 간 11월 말까지 거주했다.

이 집으로 이사 오기 직전인 1925년 9월경 부인 이은숙이 생활고와 독립자금을 해결할 목적으로 귀국했는데, 이들 부부는 이후로 만나지 못했다. 이즈음 대원군의 외손녀인 며느리 조계진(趙季珍, 1897~1996, 차남 이규학의 부인, 조남승의 막내 여동생, 이종찬의 어머니)이 회고한 내용을 아들 이규창은 이렇게 전한다.

"그때의 생활을 형수가 말한 적이 있다. 쌀이 없어 하루 종일 밥을 못 짓고 밤이 되었다. 때마침 보름달이 중천에 떴는데 아버님이 시장하실 텐데 어디서 그런 기력이 나셨는지 하도 처량하여 눈물이 저절로 난다고 하며 퉁소를 부시니 사방은 고요하고 달빛은 찬란한데 밥을 못 먹어서 배는 고프고 이런 슬프고도 처량한 광경이 어디 있겠는가. 시어머님도 안 계시는데 시아버님 진지를 종일 못 올리니 얼마나 죄송한가 생각했다."

이 와중에 천진에 있던 둘째 형 이석영 부부와 조카 이규서(1932년 이회영을 밀고)가 이 집에 옮겨와 살았다. 상해에서 올라온 이을규도 이규창과 한방을 사용했다.

㉗ 법원사(法源寺) 대자원(大悲院)

1913년 이승희(李承熙, 호 계도啓道, 1847~1916, 건국훈장 대통령장)가 거주했다. 1908년부터 연해주의 독립운동에 참여했으며, 1909년 북만주 밀산부 한흥동 건설에 참여했다. 1913년 이 집에 거주하며 북경 한인공교회(韓人孔敎會, 유교교육회)를 창설한 후 이를 북경공교회 지회로 인정받음으로써 북경지역 최초의 한인 유교교육회를 만들었고 동시에 한인 민족운동의 시작을 알렸다. 하지만 그 위치는 알 길이 없다. 이후 심양 인근 덕흥보를 독립기지로 개발하려다가 실패하고 1916년 봉천(奉天, 현 심양瀋陽)에서 사망했다.

또한 이곳에 공교회원 조원성과 최영구(보합단)가 거주했다.

㉘ 병마사호동(兵马司胡同)

당시 병마사호동 28호 / 박용만의 신혼집

1920년 4월 상해임시정부의 외교 노선과 이승만이 대통령이 된 것을 반대해 임정과 결별한 박용만이 북경에 올라와 거주하던 집이다.

이즈음 상해를 떠나 북경에 모여든 인사들이 모두 그랬듯 박용만 역시 자력이 아닌 외세의 힘을 빌려 독립하려는 세력에 반대를 표했다. 하지만 25년 후 결국 외국의 힘으로 해방되었고, 곧이어 남북으로 분단되었다.

㉙ 병마사호동(兵马司胡同)
당시 병마사호동 남탑련

이곳 병마사호동의 남탑련 골목에서 1922년 6월 1일 세계어(에스페란토)학회 좌담회가 열렸다. 중국 아나키스트 10명과 러시아인 1명(예로센코), 60여 명의 중국 학생이 참석했다. 이 좌담회에서 조선인 이을규·이정규 형제를 환영하기 위한 다과회가 열렸다. 이때 동생 이정규가 파시스트를 물리치기 위해 한중일 청년이 대동단결해야 한다고 연설했다. 이정규는 대략 다음과 같이 말했다.

"조선의 모든 국민은 국토와 주권을 회복하고자 하는 마음을 가지고 있기에 희생을 아끼지 않으면서 해방을 도모하고 있으므로 한·중·일의 청년들이 대동단결하여 진행하기를 가장 바란다."

㉚ 보방호동(報房胡同) 18호

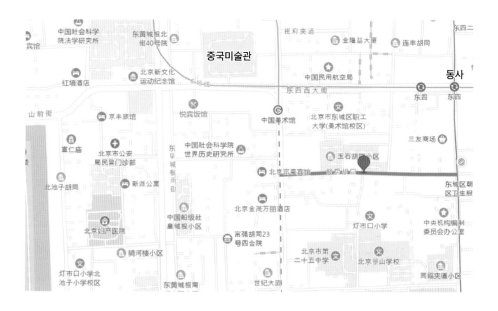

한흥교(韓興敎, 가명 한진산, 1885~1967, 건국훈장 애국장)가 1921년 이 골목 18호에 거주했다.

1910년 경술국치를 당하자 일본 오카야마(岡山)의학전문학교 졸업 후인 1911년 10월에 상해로 망명하여 중국혁명군 구호의장(救護醫長)으로서 소주(蘇州), 진강(鎭江) 등 전선에서 많은 전투에 참가했다.

1912년에는 북벌혁명군(北伐革命軍) 홍십자회(紅十字會) 대장으로 피명되어 활동했으며, 항주(杭州) 및 북경의학전문학교 교수로 임명되어 재직했다.

1912년 상해에서 신규식, 조성환(曺成煥)과 함께 동제사(同濟社) 조직에 참여하고 독립운동가들의 의료를 전담했으며, 1914년 상해에서 병원을 개업하여 계속 활동했다.

이후 일시 귀국했다가 다시 북경으로 돌아가 1919년 3.1독립운동 이후 신채호와 함께 중외통신사(中外通信社), 전광신보사(展光新報社) 창립에 참여하고 노령(露領), 미주(美洲), 중국 각지에 신문을 발송하여 독립정신을 고취했다.

1925년 6월에는 북경에서 원세훈, 송호(宋虎) 등 동지들과 '선두자사(先頭者社)'를 조직하고 기관지『앞잡이』를 발행하는 등 중국 국민과 연합하여 항일전선을 구축하기 위한 운동을 벌여 한중 연합으로 "타도 일본"이라는 성명서를 발표하기도 했다.

1935년에는 북경, 천진(天津) 등을 돌아다니면서 독립운동을 전개했으며, 산서성(山西省) 태원(太原)에 정착하여 대동병원(大同病院)을 개업한 뒤 항일운동을 지원했다.

㉛ 보초호동(宝钞胡同)

번지수가 확인되지 않는 이 골목에 김사집(金思濈, 1886~1936, 건국훈장 애족장), 김우진(金宇鎭, 1890~1952, 건국훈장 애국장), 김응섭(金應燮, 호 동전東田, 1877~미상), 남정각(南廷珏, 호 오산午山, 1897~1967, 건국훈장 독립장) 등이 거주했다.

김사집은 1915년 북경으로 망명하여 단재 신채호 등과 잡지『서광(曙光)』을 발간하여 문필가로서 독립운동을 전개했다. 1923년에는 신의단을 조직했고, 1933년 1월에는 항주에서 조소앙 등과 한국독립당을 재건했다. 1936년 2월 병을 얻어 사망했으며, 항주 고탕산(古蕩山)에 안장되었다.

김우진은 3.1독립운동 이후 옥고를 치르고 상해로 망명하여 6년간 임시정부에 몸담았다. 의열단에 가입하여 간부로 활동했으며, 1925년 8월경 북경으로 건너가 학생들을 규합하여 조선유학생회 조사부장으로 활동하며 학생들에게 편의를 제공하고 항일의식을 고취하는 등의 민족운동을 전개했다.

보초호동 북쪽에서
남쪽을 바라본 사진

　　김응섭은 1913년 대구의 비밀결사 조선국권회복단 중앙부 조직에 참여하고,
1919년 상해 파견 후 임시정부에서 법무장관으로 활동했으며, 1921년 이르쿠츠
크파 고려공산당에 입당했다. 1923년 의열단에 가입하고 국민대표회의에 참여해
창조파로 활동했다.

　　남정각은 1920년 3월 북경으로 망명하여 중국청년회(中國靑年會) 어학과(語學
科)에서 수학하다가 동년 12월 중퇴하고 장춘(長春), 천진(天津), 상해(上海) 등지를

133

돌며 독립지사들을 찾아 독립운동의 방략을 모색하던 중 1921년 겨울 북경에서
의열단장(義烈團長) 김원봉(金元鳳)과 만나고 1922년 6월 최용덕(崔用德), 이종암(李
鍾岩)의 소개로 의열단에 가입했다. 이후 국내를 드나들며 폭탄 반입과 독립자금
모집 활동을 했다.

㉜ 북경고대건축박물관 및 선농단(先農壇)

당시 성남공원(城南公園)

이곳은 '선농단'으로 불렸으며 1916년부터 성남공원으로 바뀌었다. 현재는 선농
단 일부를 복원하여 북경고대건축박물관으로 사용하고 있지만, 박물관이라 할만
한 볼거리가 없다.

1923년 9월 9일 다물단원 이우민과 그의 장모, 그리고 유모 씨로 파악된 대
만인 중한호조사 인물이 함께 북경 옛 선농단인 성남공원에서 회합하여 '구구사
(九九社)'라는 단체를 조직하고 한인을 지원했다. 임생호와 오윤생도 이 단체에 참

선농단 입구

여했다.

㉝ 북경기독교회 숭문문당(崇文門堂)

당시 숭문문 내 미이미회(美以美會)

숭문문교회 내의 예배당

북경 숭문문사거리 동북쪽에 위치한다. '미이미(美以美)교회'라고도 불렀다. 이 교회는 북경에서 가장 오래된 감리교회로 옛 건물이 그대로 보존되어 있다. 미국 감리교단은 당시 북경에 어마어마한 투자를 했는데, 현재의 북경역이 들어선 곳에 회문대학, 이 교회 바로 옆에 회문중학, 길 건너에 동인의원, 박자혜 여사가 다닌 회문대학 의예과와 협화의원 등 북경의 근대화에 많은 공헌을 했다.

1911년 집사가 된 손정도가 처음 북경에 와서 이곳에서 중국인과 조선인을 위한 설교를 시작했고, 이 교회에서 처음으로 조선인 예배를 시작했다. 그는 당시 북경에서 조성환 등 망명 1세대와 교류하며 독립운동에도 참여한다. 조성환은 신민회 출신으로 1909년 2월 이미 북경에 망명해 있었다. 이때 손정도가 시작한 조선인 예배는 현재까지 이어져 조선족 장 목사가 매주 예배를 이끌고 있다. 손정도가 두 번째로 이 교회에 온 것은 목사가 된 이후 1919년 2월이었다. 파리강화회의에 의친왕을 보내라는 고종의 밀명을 받고서였다. 하지만 고종이 승하하여 모두 취소되고, 그는 상해 임정에 참여한다.

1920년 2월 12일부터 16일까지 '감리교회 동아시아 대표총회'에 국내 각 지역의 조선대표가 참석했는데, 이곳 숭문문교회에서 총회가 열렸다. 총회에서 개최자 허버트 웰치 감독은 동양의 사회와 정치 문제를 해결하기 위해서도 기독교를 발전시켜야 한다고 주장했다.

이 회의가 열리기 이틀 전인 1920년 2월 10일 북경 고려기독교청년회가 이

회의에 참석한 웰치 감독과 선교사, 목사들의 영향을 받아 설립되었다. 국내 참석자로는 경성대표 최병헌, 경성 정동교회 목사 김종우, 평양 진남포교회 목사 안창호, 강서구역 목사 배형식, 인천 대표 오기선(吳基善), 인천 내리교회 전도사 김영섭, 경성 이화학당 교사 리을나라, 평양 광성고교 교장 김득수, 평양 남산현교회 전도사 안동원, 북경 거주 한영복, 배형온, 최병실, 김서우 등이다.

㉞ 북경남원공항(北京南苑機場)

당시 남원항공학교(南苑航空學校)

서왈보가 재학했고, 졸업 후 근무했다. 1910년 국권이 침탈되자 중국으로 망명한 서왈보가 1914년 북경에 정착하여 경사사립산동중학을 다닌 후 북경 육군 강무당을 졸업하고 중국군으로 복무하다가 1919년 이곳에 있던 중국육군항공학교에 입학하여 조종사로서의 훈련과정을 수료했다. 3.1독립운동이 일어나자 북경에서 북경과 천진의 대학생을 중심으로 대한독립청년단을 조직하고 단재를 단장에 추

남원공항 주기장

대했으며 자신은 군무장이 되었다.

또한 항공학교를 졸업한 후 조종사 자격으로 의열단에 가입하여 항일 투쟁활동을 전개했다. 1924년부터는 각종 전투에 참가했으며, 1924년 말에는 북경항공학교의 교수로 재직하기도 했다. 풍옥상(冯玉祥)군에서 공군장교로 활약하던 그는 1926년 장가구(張家口) 근처에서 비행기 추락으로 영면했다.

연도 미상 최용덕이 서왈보의 영향으로 이 학교에 재학하고 졸업했다. 1922년 이후 1940년까지 중국 공군에서 교관, 수상비행대장(水上飛行隊長) 참모장, 공군기지사령관 등을 역임했다.

또한 1922년 6월에는 의열단에 참여하여 천진에서 조선무산자동맹회장 김한과 의열 활동을 위한 폭탄 확보와 투척 계획 등을 협의하여 김상옥(金相玉) 의사를 지원하는 등 항일투쟁에 앞장섰다. 이후 북경과 안동(安東) 사이를 오가며 폭탄 운반 등의 활동을 했다. 1932년 4월 조선혁명당이 창당되자 중앙위원에 선출되었으며, 대일전선통일동맹 조직에 참여하여 항일투쟁을 계속했다. 1940년 한국광복군 총무처장, 1943년 한국독립당 중앙감찰위원, 1945년 광복군 총사령부 참모처장으로 복무했다.

㉟ 북경노신박물관(北京魯迅博物館)

당시 노신과 주작인(周作人) 형제의 집

노신박물관 입구

이 집은 당시 노신(본명 周樹人)과 그의 동생 주작인의 집으로, 러시아인 예로센코도
거주하고 있었다. 현재는 노신의 기념관으로 꾸며져 내부를 관람할 수 있다.

1922년 5월 8일 주작인의 일기에는 조선인 오상순이 아나키스트 이정규를
자신에게 소개했고, 매일같이 집에 찾아왔으며, 편지를 보내기도 했다고 적혀 있

다. 1923년 3월 18일 노신의 일기에는 이정규가 자신의 집에 방문했다고 적고 있
다. 일기의 내용 중 이정규가 중국말이 서툴러 노신과 이정규가 일본어로 대화를
나누었다고도 적혀 있다.

이 무렵 이정규의 동지인 정현섭(정화암)도 신문화운동과 에스페란토어에 대한
관심으로 노신과 예로센코를 직접 찾아와 교류했다.

㊱ 북경노신중학(北京鲁迅中学)
당시 북경여자사범대학(京师女子师范学堂)

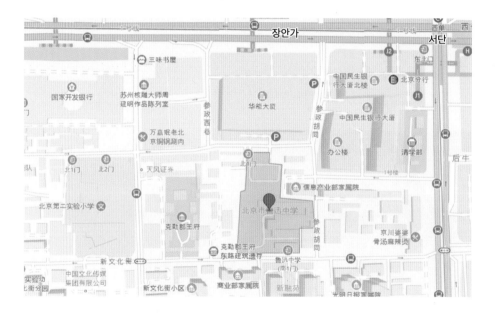

이 학교는 현재 북경의 유명 중·고등학교 중 한 곳이다. 현재는 북경노신중학이
되었지만, 당시에는 북경여자사범대학이 있었다. 북경여자사범대학은 후에 북경
사범대학과 병합되어 사라진다.

현재 이름이 '노신중학'이 된 데는 1923년 7월부터 1926년 8월까지 노신이
이 대학의 국문과 교수로 중국 소설사 등의 강의를 한 데서 연유한다. 이 학교의

북경노신중학 정문

남문에는 '경사여자사범학당(京师女子师范学堂)'이라는 돌로 새겨진 글씨가 아직 남아 있고, 옛 건물도 그대로 있다. 내부에는 노신기념관도 있으나 외부인의 참관은 불가능하다.

1929년 3월 장지락이 지하활동 중이던 중국공산당 북평시위원회 대표로 북경여자사범대학 당지부 사업을 지도했는데, 이때 첫사랑 류령(劉玲, 본명 제숙영)을 알게 된다. 당시 장지락의 나이 불과 스물네 살이었다.

㊲ 북경대학(北京大学) 32호루 여학생 기숙사

당시 낭랑묘(娘娘庙)

낭랑묘는 당시 연경대학 남쪽 150m에 위치하고 있었다. 당시의 연경대학은 현재의 북경대학을 말한다. 이 기록을 접한 필자는 현재 북경대학의 남쪽을 당시의 고지도를 놓고 한참 찾았으나 찾지 못했다. 다시 중국 기록과 문헌을 수일간 뒤진 끝에 어렵게 당시의 낭랑묘가 현재의 북경대학 안에 있음을 알아냈다. 즉, 당시 연경대학 밖에 있던 낭랑묘가 북경대학이 확대되면서 학교 안으로 편입된 것이다.

현재 이곳은 북경대학 32호루가 신축되어 흔적은 사라졌고, 이 건물은 여학생

북경대학 32호루
여학생 기숙사 건물

기숙사로 사용되고 있다.

이곳은 1931년 가을 밀정 혐의를 받은 장지락이 아무도 상대해주지 않는 외로움과 허탈감으로 독서와 함께 고뇌에 찬 사색을 했던 곳으로, 연경대학 도서관과 이곳 낭랑묘를 주로 찾았다.

❸❽ 북경대학 경내

당시 연경대학(燕京大学) 연원(燕园)

북경대학 경내

북경대학과 합병되기 전
연경대학의 중심이었던
연못 연원(燕园)

노원찬이 3.1독립운동 후 1년 반의 옥고를 치른 다음 북경으로 망명하여 1921년
11월 연경대학 수리과에 입학한다.

연도 미상 주문빈의 동생 김상호가 연경대학에 입학한다.

1939년 봄 김사량(金史良, 본명 김시창金時昌, 1914~1950)이 동경대 졸업 후 연경대학에 재학 중인 종형을 만나 미국 유학에 대해 상의했다. 당시 김사량은 일주일가량 북경에 체류한 후 귀국하여 북경을 배경으로 소설『향수』를 집필한다. 이후 김사량은 1944년에는 여행으로, 1945년에는 조선학도병위문단으로 끌려와 탈출할 때까지 총 세 차례 북경을 방문했다.

김사량은 1945년 북경에서 조선학도병위문단을 탈출한 후 한단 섭현의 남장촌에 있는 조선의용군에 합류하기 위해 걸어서 남하한다. 이 과정을 소설『노마만리(駑馬萬里)』에 담았고, 그의 문학비는 호가장전투가 있었던 호가장마을 입구에 김학철(金學鐵, 본명 홍성걸洪性傑, 1916~2001) 시비(詩碑)와 함께 나란히 서 있다.

❸❾ 북경사범대학(北京師範大學) 북교구(北校區)
당시 보인대학(普仁大學)

로마 가톨릭교회 소속의 대학으로, 1925년 개교했다.

1927년 4월 주문빈이 중국공산당 통현지부를 결성하여 서기가 되었고, 이해

북경사범대학
북 캠퍼스(北校区) 입구

에 북경지구 지하당에 소속되어 연경대학, 보인대학 학생들 속에서 조직활동을 전
개했다. 1932년에는 주문빈이 보인대학 내에 과학생활사를 결성하여 군수약품
제조를 시도했다.

1934년 주요섭이 이 학교의 교수로 취임했으나 중일전쟁 이후 일본이 북경을
점령했고, 1943년 일본이 점령한 북경에서 일본의 대륙침략에 협조하지 않는다
는 이유로 추방령을 받아 조선으로 귀국하게 된다.

한국 문인화의 대가인 청강 김영기가 이 대학 법학과에서 공부하며 근대 중국
화의 거두인 제백석(齐白石)에게 사사했다.

❹ 북경시 동직문중학(东直门中学)

당시 북경시 제2여자중학(第二女子中学)

1949년 신중국 창건을 앞두고 공산당에서 많은 인사를 북경으로 불러 모았다. 이
때 상해에 있던 운암 김성숙의 부인 중국인 두군혜(杜君慧, 1904~1981)도 세 아들을
데리고 북경으로 와 이 학교의 교장이 되었으며, 장지락(김산) 사건에 연루되어 취
소되었던 당적도 10년 만에 회복되었다.

두군혜는 대한민국임시정부 국무위원을 지낸 독립운동가 김성숙의 아내로 중

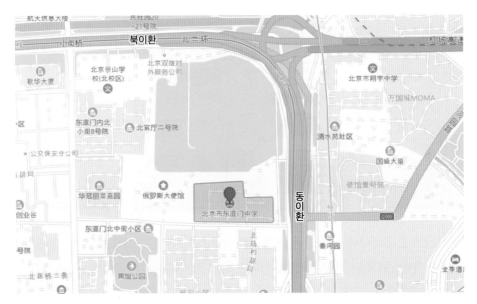

북경시 동직문중학 정문

국의 항일운동가이며, 여성엘리트운동을 이끈 혁명가이기도 하다. 그녀는 자신의 고향인 광주(广州)에서 항일운동을 하던 중 김성숙을 만났고, 1929년 상해에서 결혼한다. 1935년 부부는 중국의 인사들과 함께 「상해문화계구국운동선언」을 발표하고 함께 선언서에 서명했으며, 김성숙은 그녀가 활동하고 있던 상해여성구국회에 가입해 중국 여성계의 항일구국운동에도 참여했다. 또한 그녀와 김성숙

146

은 1942년 10월 중경에서 설립된 한중문화협회 발기인으로 참여했으며, 그녀는 1943년 2월부터 대한민국임시정부 외무부 부원으로도 활동하여 우리나라의 독립운동을 직접 지원한다. 1945년에는 한국구제총회 이사를 지냈다.

㊶ 북경시 제이십일중학(弟二十一中学)
당시 북평사립숭실중학(北平私立崇实中学)

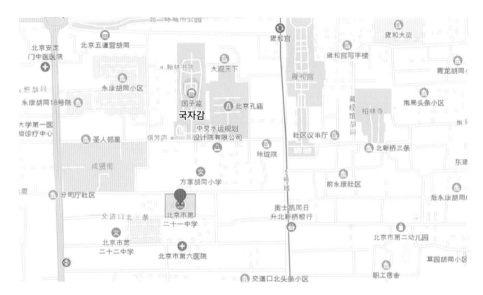

숭실중학 간판이
아직 남아 있는
21중학 정문

1914년 한운용이 재학했다. 졸업 후 1918년 북경 국립육군군관학교(강무당)에 진학하여 4년간 재학 후 졸업했다.

1914년경부터 최용덕이 2년간 재학 후 졸업했다.

㉜ 북경역(北京站)

당시 회문대학(滙文大學)

현재의 북경역은 1959년 회문대학을 헐고 새로 지은 것이다.

이 회문대학에 이관구(李觀求, 1885~1953, 건국훈장 애국장)가 수학했다. 그는 1910년 경술국치를 당하자 중국으로 망명하여 북경의 회문대학(滙文大學)과 명륜대학(明倫大學)에서 수학했고, 절강성(浙江省) 항주부(杭州府) 군관학교 속성과(軍官學校速成科)를 수료한 후 1913년 국민당(國民黨)의 제2차 혁명[辛亥革命]에 참가했다.

이후 신규식(申圭植)이 주도한 동제사(同濟社)에 가입했으며, 1916년에는 고향의 가재(家財)를 매각하여 만주 안동(安東)에 삼달양행(三達洋行), 장춘(長春)에 상원양행(尙元洋行)을 설립하고, 박상진(朴尙鎭)이 주도한 대한광복회(大韓光復會)에 가입하여 대외업무를 맡았다.

㊸ 북경역학소학(北京力学小学) 및 북쪽 건물
당시 법정대학(法政大学)

북경역학소학 정문

1925년 아나키스트 심용해(沈容海, 1904~1930, 건국훈장 애국장)가 이곳 법정대학 정경학부에 입학했다. 1924년 장춘에서 북경으로 와 아나키즘 계열 신문인『국풍보』의 편집자가 되었고, 같은 해에 류기석 등과 아나키즘 연구단체인 '흑기연맹'을 조직하고,『동방잡지』를 발행하여 아나키즘 사상 보급에 힘썼다. 1925년경 아나키스트 유서(柳絮)의 소개로 베이징의 독립운동가들과 교류했고, 그해 겨울에『고려청년』을 출간했다. 1926년 9월 크로포트킨 연구그룹을 만들고, 1928년 10월에는 북경 아나키즘연맹을 조직했다. 이후 연변으로 진출하여 항일항쟁을 이어갔고, 1930년 용정의 자택에서 괴한들에게 피살되었다.

연도 미상 북경대학 출신 고용환(高龍煥, 1886~미상, 건국훈장 애국장)이 북경법정대학에 재학 중인 12명의 한인 학생을 이곳에 모아 회의를 열고 한중연합운동을 추진했다. 1919년 무장독립운동 단체인 대한광복군(大韓光復軍)이 조직되자 단원으로 가입하여 국내로 밀파되었다.

㊹ 북경제161중학(北京第161中學)

당시 경사사립산동중학(京師私立山東中學)

북경제161중학
정문과 건물

1910년 겨울 경술국치 후 길림성 훈춘현에 망명하여 거주하던 서왈보가 1914년 동지 4인과 함께 북경으로 건너와 이 학교에 입학했다. 이들은 이 학교 최초의 외국인이었다.

2004년 이 학교와 병합된 '북경시제6중학(北京市第六中學)' 교장이 김성숙의 아내 두군혜 여사(1955년 임명)였다. 그녀는 1949년 북경시제2여자중학(北京市第二女子中學)의 교장을 역임한 데 이어 이 학교의 당지부서기 겸 교장을 맡았다.

㊺ 북경 중안빈관(中安賓館)

당시 회갑창(盔甲廠) 13호 / 님 웨일즈와 에드거 스노의 집

현재 호텔로 사용되고 있는 이곳은 1935년부터 1937년까지 르포 작가이자 기자였던 에드거 스노(Edgar Snow, 1905~1972)와 그의 부인 헬렌 포스터 스노(Helen Foster Snow, 필명 님 웨일즈Nym Wales, 1907~1997)가 살던 집이 있던 자리다. 현재의 건물은 1957년 건축되었고, 그전에 있던 사합원(四合院)은 모두 헐렸다.

이 집이 에드거 스노의 집으로 고증된 것은 2008년의 일이다. 중국의 한 사학자가 이를 밝혀 신문에 게재했다. 이 사실을 알게 된 필자는 2015년부터 이를 기록하고 답사하여 국내 학자들과 기자들 및 북경 교민에게 알리기 시작했다.

중안빈관 호텔 입구.
내부 전시실에 필자가
기증한 도서 『아리랑』이
전시되고 있다.

　　1937년 4월 님 웨일즈는 바로 이 집을 출발해 서안을 거쳐 연안으로 갔고, 6월에 그녀의 동굴집을 찾아온 장지락을 처음 만나게 된다. 그 후 님 웨일즈와 장지락은 장지락의 일대기를 담은 소설 『아리랑(Song of Arirang)』을 공동 집필하게 된다. 소설 속 장지락의 가명 김산(金山)은 님 웨일즈가 금강산에 다녀온 경험을 살려 그에게 직접 지어준 소설 속 이름이다.

　　필자가 이 호텔에 처음 방문했을 당시 에드거 스노와 님 웨일즈 관련 전시물이 복도에 가득했으나, 장지락(김산)과 소설 『아리랑』에 대한 소개는 없었다. 이에

필자가 애드거 스노와
님 웨일즈의 거주지였던 현
중안빈관에 기증한 『아리랑』
책 세 권과 안내판

필자는 2019년 가을 『아리랑』의 서울 한글본, 심양 조선어본, 북경 중국어본 세
권을 기증했고, 현재 이들의 작품과 함께 전시 중이다. 이들을 소개하는 패널도 전
시할 계획이다.

　　이 호텔은 북경역 바로 인근에 있어 기차로 이동할 계획이라면 전날 이곳 중
안빈관에 묵으며 전시물을 감상할 것을 추천한다.

㊻ 북경회문실험중학(北京汇文实验中学)

당시 회문중학(汇文中学)

숭문문교회 바로 오른쪽에 붙어 있는 옛 회문중학 역시 감리교 교단에서 세운 학
교다. 현재 북경 배신가(培新街) 6호에 있는 회문중학은 1959년 이곳에서 이전한
새 교사다.

　　우리와의 인연은 1913년 최용덕이 15세 때 이 학교에 입학했다는 사실이다.
그러나 그는 졸업하지 못하고 중퇴 후 숭실중학으로 전학하여 2년 만에 졸업했다.

북경회문실험중학 정문. 바로 옆이 북경기독교숭문문당이고 맞은편 골목이 효순호동이다.

최용덕은 의열단 단원으로 김상옥 의사 사건을 지원했고, 북경과 단동을 오가며 폭탄을 운반했다. 지청천(池靑天, 호 백산白山, 1888~1957, 건국훈장 대통령장)의 조선혁명당 중앙위원을 지냈고, 한국광복군 참모처장을 역임했다.

㊼ 북신화가(北新华街)

당시 신화가(新华街) 43호

박용만과 함께 활동했던 김대석이 거주했다. 김대석은 박용만과 김규흥이 설립한 흥화실업은행에 근무했다. 김대석에 대한 상세한 기록은 남아 있지 않다.

㊽ 북지자대가(北池子大街)

당시 북지자대가 39호

고려기독교청년회가 북경한인기독교회와 함께 1만 원의 예산으로 교회를 신축하려 했으나 모금이 잘되지 않아 취소되었고, 1926년 7월 고려기독교청년회가 이곳으로 이전했다.

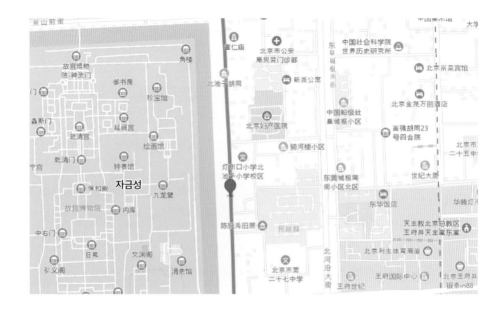

㊾ 북하연대가(北河沿大街)

당시 북하연 동흥공우(同兴公寓)

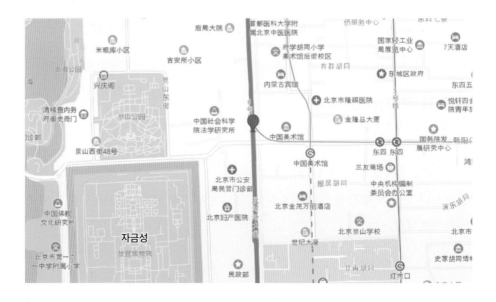

북하연대가에 있는 5.4운동 기념비. 길 건너가 북대홍루다.

당시 황성성벽의 안쪽, 즉 북하연의 서쪽 거주지 구역에 있던 임대주택이다.

　　1925년 중국의 유명한 소설가이자 아나키스트인 파금(巴金, 1904~2005)이 『국풍보(國風報)』 부편집인인 조선청년 심용해를 알게 되고, 파금의 요청으로 이 공우에서 둘은 함께 생활하게 된다. 파금은 심용해와 같이 있으면서 다시 조선 청년 류기석(柳基石, 가명 류수인柳樹人, 필명 류서柳絮, 1905~1980, 건국훈장 독립장)을 사귀게 되고, 그들을 통해 조선의 수많은 애국지사가 일제와 투쟁하고 있음을 알게 된다. 그중에 류자명이 있었고, 파금은 후에 상해에서 류자명을 다시 만나 가깝게 지낸다. 파금은 류자명을 형으로 깍듯이 대했고, 어느 날 류자명의 흰머리를 보고 소설 『머리카락 이야기』를 창작한다.

㊿ 북해공원(北海公园)

북해공원은 자금성의 북서쪽 가까운 곳에 있는 유명한 관광지다. 언덕 위의 백탑과 배를 탈 수 있는 호수로 유명하다. 100년 전에도 이곳은 현재와 별반 다르지 않은 유명한 관광지였고 데이트 코스였던 것 같다. 여러 자료를 뒤지다가 북해공원을 다녀간 흥미로운 기록들을 찾아낼 수 있었다.

　　1920년대 주문빈(周文彬, 본명 김성호金成鎬, 1908~1944) 형제가 이곳 호수에서 겨

호수에서 바라본 북해공원 전경

울 스케이트를 자주 탔다. 수년 전 겨울에 이화원(頤和園)을 갈 일이 있었던 필자는 현재도 겨울이 되면 이화원 호수의 한켠을 스케이트장으로 개방한다는 사실을 알게 되었다. 지금보다 날씨가 더 추웠던 100년 전에 북해공원 호수에서 스케이트를 즐기는 것은 더욱 자연스러운 일이었다.

1921년 여름 조성환이 같은 동성(东城) 인화공우(人和公寓)에 거주하는 류자명, 김응룡, 김성환, 이재성을 데리고 이곳에 나들이를 나온다.

1929년 봄 장지락은 자신이 지도하던 북경여자사범대학에서 알게 된 첫사랑 류령(刘玲, 제숙영)과 오후 내내 베이하이공원에서 첫 데이트를 했다.

1930년 초 장지락과 류령(제숙영)의 두 번째 겨울 데이트가 있었다.

류자명(柳子明, 호 우근友槿, 1894~1985, 건국훈장 애국장, 북한 3급 국기훈장)

1935년 6월 『사해공론(四海公论)』에 본명 김준길(가명 김학무)로 발표된 「북평의 봄」 중 '산 하나 뵈잖는 먼 지평선엔'을 보면 '열하사변 시, 북평 海公園에서'라고 기록되어 있다. 1933년 2월 겨울 일제가 동북지방을 점령한 열하사변 시기에 김학무가 북경에 있었음을 알 수 있다. 김학무는 1932년 북경 평민대학에 재학하고 있었고 이후 졸업했다.

1938년 발표된 주요섭(朱耀燮, 호 여심餘心, 1902~1972, 건국훈장 애족장)의 「죽마지우」에 북해공원이 등장한다. 그는 1934년 보인대학의 교수였으나 1943년 일제에 의해 추방되어 귀국한다. 그의 대표작으로 「사랑손님과 어머니」 등이 있다.

1943년 봄 이육사와 이병희(李丙禧, 女, 1918~2012, 건국훈장 애족장)가 이원을 만나 중경 임시정부행 계획을 논의했다. 당시 이육사는 중경(重慶)행과 연안(延安)행 및 국내 무기반입을 위한 서울행 등의 계획을 가지고 있었고, 이로 인해 1943년 국내에서 체포 후 북경으로 압송되어 고문 끝에 순국하게 된다.

㉛ 사가호동(谢家胡同) 34호

박용만의 동지인 박학래가 거주했다. 그에 대한 개인 기록은 남아 있지 않다. 그는 박용만이 운영하던 석경산농장에 근무했고, 조선인을 대상으로 한 공우(公寓), 즉

사가호동 동쪽에서 서쪽을 바라본 사진

임대주택을 경영했다.

　현재 이 골목에 34번지는 존재하지 않는다. 골목 안쪽에 새로 들어선 아파트 또는 큰 건물 일대였을 것으로 추정한다.

⑫ 사가호동(史家胡同)

당시 사가호동 봉래공우(蓬来公寓)

주소 미상이며 봉래공우의 흔적을 찾을 수 없다. 연도 미상 의열단원 김득학(金得學, 1897~미상)이 거주했다. 그는 평북 선천의 3.1운동에 참여하여 피체되었고 징역형을 받은 기록이 있다. 다른 기록은 전하지 않는다.

⑬ 사탄북가(沙灘北街)

당시 북경대 학생이던 김호영이 거주했다. 번지수는 확인되지 않는다. 그는 한교교육회 기관지인 『부득이(不得已)』를 발간했고, 집에서 교민대회를 개최하기도 했다.

한교교육회는 1922년 신흥무관학교 전 교장 이세영(李世永, 1870~1941, 건국훈장 독립장)을 비롯하여 조성환, 박용만, 이광, 황학수(黃學秀, 1877~1953, 건국훈장 독립장)

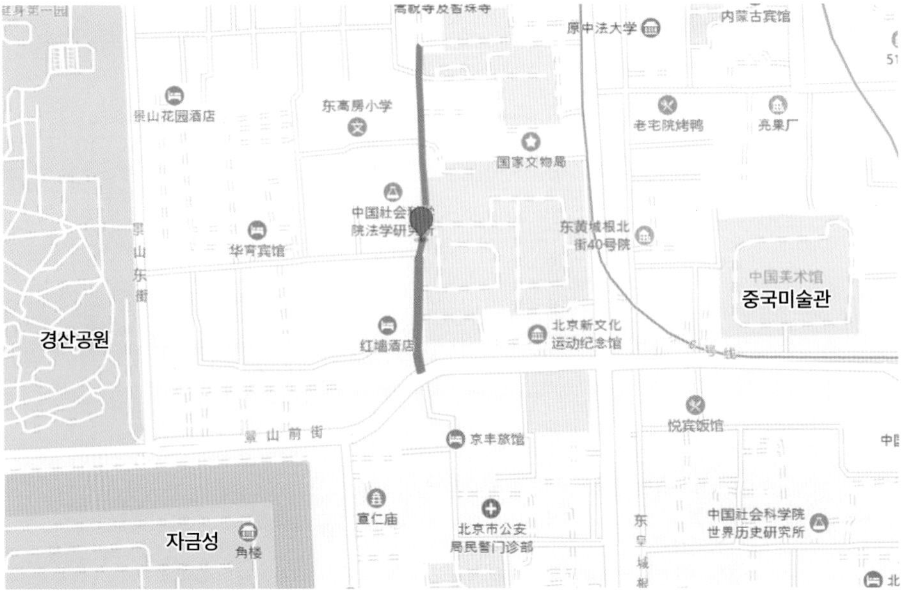

등 군인 출신 인사들이 설립했으며, 간도참변 때 희생당한 독립군의 자제들을 교육할 목적으로 설립한 단체다.

한교교육회는 향산 몽양원에 집의학교를 세워 교육했고, 회장은 이세영, 부회장은 조성환이었으며, 김정묵(金正默), 최용덕(崔用德), 유시언(柳時彦, 1895~1945, 건국훈장 애국장) 등이 참여했다.

(54) 삼안정호동(三眼井胡同)

당시 삼안정호동 진양공우(晋阳公寓)

삼안정호동 안에 있던 다가구 임대주택이었으나 현재는 흔적이 사라졌다. 이곳에 1923년 손두환(孫斗煥)이 거주했다. 1919년 임시정부 의정원 의원으로 활동했고, 1924년 임시정부 경무국장으로 근무했다. 이후 광주(广州)로 내려가 황포군관학교 교관으로도 근무했으며, 여운형을 장개석에게 소개해 한국 독립운동의 자금지

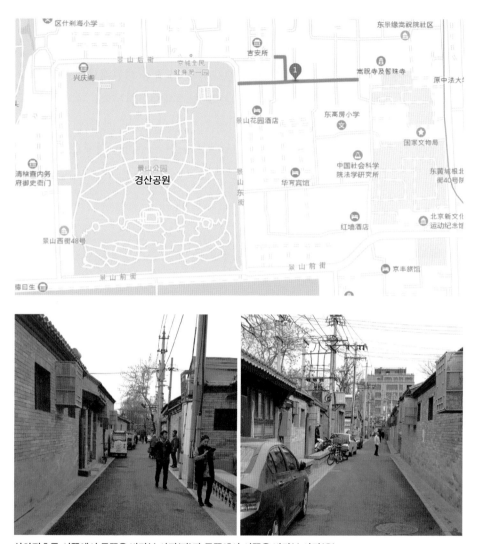

삼안정호동 서쪽에서 동쪽을 바라본 사진(좌)과 동쪽에서 서쪽을 바라본 사진(우)

원 및 조선 청년들의 황포군관학교 입교 문제에 대해 논의토록 했다.

　이을규·이정규 형제가 이곳에 거주했다. 이들 두 형제는 거의 같이 활동하는데, 형인 이을규는 1922년 상해에서 의열단에 가입한 후 북경에 올라와 중국의 아나키스트들과 활발한 교류를 펼친다. 1924년에는 북경에서 우당 이회영을 만나 우당의 집에서 동생 등과 함께 거주했고, 1924년 재중조선무정부주의자연맹을 창설한다.

　　동생 이정규는 북경대학 유학생으로 1922년 봄에 총장 채원배와 교수 이석증의 배려로 경제학부 2학년에 편입한다. 1923년 북경세계어전문학교 설립에 적극 참여하기도 했고, 이해에 다물단에도 참여했으며, 심산 김창숙과 함께 모아호동 고명복의 집을 털어 독립자금을 확보하기도 한다. 노신과 주작인 형제와도 친분이 있어 그들의 집을 방문하곤 했다. 1924년에는 한교동지회를 조직한다.

㊵ 삼안정호동(三眼井胡同)
당시 삼안정호동 26호 / 1932년 장지락의 거주지

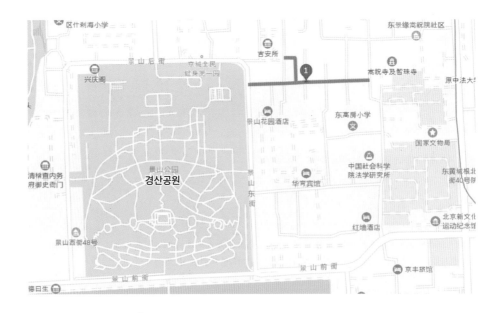

북경에서 밀정 혐의를 벗을 수 없었던 장지락은 1931년 연말에 하북성 보정으로 내려간다. 그곳에서 보정제2사범학교와 고양소학교에 근무하며 현지의 당 지도 사업과 조직사업에 매진한다. 그리고 당에서 강요한 봉기가 실패로 돌아가자

현재의 삼안정호동 26호. 건물은 이미 옛것이 아니다.

다시 1932년 가을 북경에 돌아왔고, 1932년 가을부터 이 집에 거주한다.

그해 연말에 이 집에 살면서 동지 조아평(고영광의 어머니)을 알게 되었고, 1932
년 말에는 서철장호동(西铁匠胡同) 15호로 이사한다.

㊶ 삼안정호동(三眼井胡同)
삼안정호동 89번지

1929년 8월부터 1930년 초까지 길림 혁명청년연맹대회에 중국공산당 대표로 참
가한 것을 포함해 동북에 머물던 장지락이 북경으로 돌아와 이 집에 거주한다.

1930년 3월 8일 장지락은 이 집에서 필명 염광으로 김익상, 이종암(李鍾巖, 본
명 이종순李鍾淳, 1896~1930, 건국훈장 국민장, 의열단 창립 멤버)의 황포탄의거를 소설화한
「기묘한 무기」를 집필한 후 상해에서 발간한 잡지 『신동방(新东方)』 제1권 제4기에
발표했다.

그리고 1930년 11월 20일 1차 피체될 때까지 이 집에서 살았다. 당시 이 집
에서 피체된 것은 아니다. 지하활동 중이던 중국공산당 북경시위원회(北平市委員會)
조직부장이던 장지락은 1927년 광주꼬문 3주년 행사 준비회의에 참석하기 위해

삼안정호동 89번지.
독립기념관 홈페이지에
있는 사진과 구도를 똑같이
하여 찍었다. 사진 속 인물은
답사를 함께해준 한국전력의
김수환 과장

서성구 공과대학 부근 동지의 아파트에 들어서다가 국민당(國民黨) 경찰에 체포되었고, 일본영사관에 인도되어 조선 신의주(新義州)로 압송된다. 하지만 그는 예상보다 빨리 약 100일 만인 1931년 4월 1일 석방되어 고향에서 한 달 반가량 요양후 1931년 6월 북경으로 돌아온다. 하지만 결국 이 빠른 석방이 향후 그의 혁명활동과 목숨까지도 위협하게 된다.

㊗ 서교민항(西交民巷)

김창숙, 남형우(南亨祐), 배천택(裵天澤) 등이 국권회복을 위해 군대를 양성하고 무력으로 독립을 쟁취하기 위해 조직한 국민당(國民黨)의 재정부장이자 다물단의 중심인물 중 한 명인 서동일(徐東日, 1893~1965, 건국훈장 애족장)이 거주했다. 번지수와 거주 연도가 정확히 확인되지 않는다. 하지만 그의 행적으로 볼 때 1923년부터 1925년 5월 사이에 이곳에서 거주했다.

서동일은 1923년 북경으로 망명했고, 곧이어 결성된 국민당과 다물단의 창립에 관여하여 단원이 되었다. 1924년 1월 국내에 잠입하여 독립자금 1,400여 원을 모금했고, 1925년 두 번째 국내로 잠입하여 군자금을 모금했다.

1925년 5월에는 세 번째로 국내에 들어갔다. 경상북도 경산에서 자산가들에게 단재가 작성한 다물단 선언서를 제시하고 군자금을 모금하다가 일본경찰에 피체되었는데, 이때 남형우(南亨祐), 배천택, 윤영섭(尹瑛燮), 윤병래(尹炳來), 윤병일(尹炳馹), 최성희(崔聖熙), 이종호(李鍾昊) 등도 함께 피체되었다. 그는 1926년 3월 31일 대구지방법원에서 소위 제령(制令) 제7호 위반 및 공갈죄 등으로 징역 3년형을 언도 받고 옥고를 치렀다.

⑤⑧ 서철장호동(西铁匠胡同)

당시 서철장호동 15호 / 장지락과 조아평의 거주지

장지락과 조아평이 1932년 말 삼안정호동 26호에서 이곳 하숙방으로 이사 왔다. 이설로는 서철장이 아니라 전철장(前铁匠)이라는 설도 있다. 이때로부터 2차 피체가 되는 1933년 4월 26일(또는 5월 1일)까지 이 집에 거주했다.

장지락과 조아평은 1933년 4월 26일 05시 이 집에서 잠자던 도중 함께 국민당 경찰에 피체되었다. 장지락의 2차 피체였다. 하지만 이때 역시 무혐의로 비교적 빨리 풀려나 또다시 밀정으로 오인을 받게 되고, 그의 당적은 1차 피체 이래 계속 회복되지 못했다.

1934년 1월 조아평과 재회한 장지락은 북경에서 다시 가난한 부부생활을 이어가지만 그 장소는 알려지지 않았다.

㉟ 서하연가(西河沿街)

당시 전문(前门) 서하연가 / 박용만 대륙농간공사(大陸農墾公司) 설립(1설)

1927년 7월 박용만이 하와이에서 모금한 2만 원의 자금으로 이 골목에 대륙농간 공사를 설립했다. 대륙농간공사는 영정하 일대에 조선인을 이주시켜 개간할 계획을 세웠고, 조선인 이상촌을 건설할 목적이었으나 결국 실패로 돌아갔다.

　　학계의 2설로 상이조호동(上二条胡同)에 대륙농간공사가 있었다는 설이 있다.

㉠ 서하연가(西河沿街)

당시 전문(前门) 서하연가 동승점(东升店) / 1914년 김기한의 거주지

김기한(金起漢, 호 직재直齋, 1884~1921, 건국훈장 독립장)이 거주했고, 동승점이 어디인 지는 찾지 못했다. 국내에서 의병활동을 하다가 1905년 만주로 망명하여 서로군 정서(西路軍政署)에서 활동했다.

　　1914년 그가 북경에 머물며 비밀활동을 할 당시 북양정부의 경찰청이 그를

주목했다는 기록이 남아 있다.

　　1919년 3.1독립운동이 일어나자 같은 해 4월 15일 유하현(柳河縣) 삼원보(三源堡)에서 박장호(朴長浩), 조맹선, 백삼규, 전덕원(全德元) 등과 대한독립단을 조직하고 사한장(司翰長)으로 활동했다. 이즈음 대종교에 입교하여 참교(參敎)로서 교세 확장에도 공헌했다.

❺ 선연가(善缘街)
당시 해전(海淀) 선연가 12호

주문빈의 아버지 김기창(金基昌, 가명 김문옥金文玉, 1872~1950, 건국포장)의 집이다. 1908년 신민회 의주지회 회장이었으며, 1911년 105인 사건으로 피체되었다가 1914년 중국으로 망명한다. 당시 지금의 중관촌(中關村)인 선연가에서 목사로 활동하며 흥사단에 가입했고, 도산 안창호와 연계되어 해전농장을 포함해 이 지역에서 활동했다.

중관촌의 빌딩지구로
바뀌어버린 선연가. 길은
옛길이 아니나 길 이름은
남았다.

　　현재 옛 선연가 지역은 중관촌의 핵심 빌딩지구로 바뀌어 옛 흔적을 전혀 찾
을 길이 없다. 단, 옛 골목과 비슷한 지역에 아직 '선연가'라는 지명이 남아 있다.
따라서 번지수를 찾는 것도 무의미하다. 즉, 길 이름은 남았으나 옛길이 아니다.

　　1930년 11월 20일 북경에서 1차로 피체된 장지락이 1931년 1월 신의주에
압송되어 40여 일간 고문을 당하다가 증거 부족으로 석방된 후, 1931년 6월 북경
에 돌아온다. 밀정의 제보에 의해 이를 안 북평시 공안국이 수배에 나서고 장지락

은 이곳 김기창의 집에 숨는다. 장지락은 1919년 말 상해에서 안창호를 도와 잠시 일했던 경험으로 그와의 연계의 끈을 놓지 않고 있었다.

　　당시 이 집을 자주 찾은 인물로는 김기창을 찾아오던 안창호 등 신민회 출신 인사들과 그의 아들들을 찾아오던 양명, 한위건(韓偉健, 가명 이철부李鐵夫, 1896~1937, 건국훈장 독립장), 김무정(金武亭, 1905~1951) 등 공산주의자들이 있다.

㉒ 소경창호동(小經廠胡同)
당시 소경창호동 16호 / 1923년 조선불교유학생회 조직

1923년 10월 이곳 자취방에서 김성숙의 주도하에 조선불교유학생회가 조직되었다. 주요 구성원은 김성숙, 김규하, 김정완, 심용주, 윤종묵, 김봉환, 차응준 등이었고, 이들은 대부분 조선 불교계에서 보낸 승려 출신 유학생들이었다. 운암 김성숙도 승려 출신 유학생이었으나 망명 기간 내내 그의 불교 관련 행적은 찾기 어렵다.

　　조선불교유학생회는 1924년 2월부터 격월간 기관지『황야』를 북경세계어전

현재의 소경창호동 16호

문학교에서 발행한다.

　이때 결성된 조선불교유학생회는 1925년 사회주의계 고려유학생회로 흡수 개편된다.

㉖ 순치문(順治们) 성내가(城内街)

당시 순치문 성내가 55호

노구교　　　　　　　　　　　　완평성 경내

완평성의 동문 순치문(좌)과 완평성 내부 거리(우)

1924년 박용만, 박건병, 박영선, 김세준이 함께 거주했다. 박용만은 당시 흥화은행, 석경산농장, 정미소를 경영하고 있었다.

박건병은 1920년 상해로 망명하여 임시의정원 강원도 대표로 활동했다. 1921년 북경 군사통일주비회에 참여하여 주비위원으로 활동했다. 1925년 6월에는 북경 선두자사 명의로 조남승과 함께 '우리 2천만 동포에게 고함'이라는 항일선전문을 발표했다. 1926년 10월에는 상해에서 결성된 한국독립유일당 북경촉성회의 집행위원으로 선출되어 활동했다.

김세준은 1916년 예관 신규식의 주선으로 운남 강무당 군관학교에 입학하여 1917년 졸업했고, 1921년 북경 군사통일주비회를 추진하고 참가했다. 1923년에는 상해에서 개최된 국민대표회의에 창조파로 참가했다. 회의가 결렬된 후 창조파의 일원으로 블라디보스토크를 거쳐 다시 북경으로 돌아왔다. 이후 다물단의 회원이 되어 활동했다.

❻❹ 순치문외(順治们外)

당시 순치문외 자래춘공우(自来春公寓)

현재 이 건물은 사라졌다. 당시 순치문 밖에 자래춘공우가 있었고, 그곳에 박용만

순치문 밖 거리

과 함께 활동하던 권영목(權寧睦, 1884~1935, 건국훈장 애족장)이 1920년대 중반에 거주했다.

　권용목은 1918년 광복단(光復團) 총사령 박상진 등과 협의 후 만주에서의 독립군 양성을 위해 길림(吉林)에 파견되어 활동하다가 광복단사건과 관련하여 궐석재판에서 소위 보안법 위반으로 징역 8월을 선고받았다. 이후 상해, 북경 등지를 다니며 활동했고, 1926년 말 북경에서 대독립당촉성회원(大獨立黨促成會員)으로 민족유일당운동을 추진했다. 1935년 5월 봉천(奉天, 현 심양)에서 사망했다.

⑥⑤ 신동안시장(新东安市场)

당시 동안시장(东安市场) 윤명차루(潤明茶楼)

현재의 신동안시장 쇼핑센터 자리에 현량사뿐만 아니라 동안시장이 있었고, 그 안에 '윤명차루'라는 차관도 있었다. 현재는 이 모두가 흔적 없이 사라졌다. 윤명차루는 당시 60여 명 이상이 모여 회의를 할 수 있을 정도로 규모가 꽤 큰 차관이었다.

1921년 9월 고려기독교청년회 회원들이 이곳에서 군사통일주비회 및 제2보합단 지지를 선언했다. 당시 군사통일주비회는 상해 임정을 부정하고 북경에 새로운 정부를 세우려고 계획했고, 각지의 교민은 상해와 북경을 지지하는 의견으로 양분되어 있었다.

1924년 4월 26일 한교구락부가 이곳에서 임시총회를 열었고, 60여 명의 회원이 참가했다. 교민의 진흥을 위한 각파유지연맹 결성을 제의했으나 결렬되었다.

⑥ 애민가(爱民街) 37호

당시 육군 강무당(讲武堂)

1918년 한운용이 북평사립숭실중학을 졸업하고 국립육군군관학교(강무당)에 진학하여 4년간 재학 후 졸업했다.

서왈보가 이 학교를 졸업했다. 졸업 후 중국군으로 복무하다가 중국육군항공학교에 입학하여 조종사가 된다.

또 다른 기록에 의하면 이대위와 최용덕이 북경 주재 미인상사 크리스천의 재정후원을 얻어 강무당 졸업생 서왈보를 만주와 연해주에 파견해 많은 동포를 독립운동에 참여시키기도 했다.

⑥⑦ 예왕부(礼王府)

당시 북평사립화북학원(北平私立华北学院)

예왕부를 알리는 비석과 예왕부 정문

예왕부는 우리의 청와대 격인 중남해 인근에 있으며, 현재는 중남해의 경호 시설로 사용되고 있다. 줄서서 드나드는 경비 병력 등을 볼 수 있으며, 이들의 사진을 찍을 수 없으니 주의해야 한다.

이 학교에 장건상이 교수로 재직했다. 1916년 상해 망명 후 동제사에 가입하여 예관 신규식 등과 활동했으며, 1919년 의열단이 조직되자 후원자가 되었다. 1920년 2월 북경에서 의열단이 국내로 폭탄을 반입할 때 막후에서 이를 지원했으며, 북경에서 창조파의 일원으로 활동했다.

1922년에는 북경에서 의사로 개업한 한흥교와 이르쿠츠크 고려공산당의 대외업무를 담당했고, 1930년 이 학교 북평사립화북학원에서 교수로 재직했다.

박차정의 오빠 박문호(朴文昊, 1907~1934, 건국훈장 애국장)가 1929년 9월 박건웅의 소개로 사회학부에서 수학하는 한편, 11월에 김원봉과 박건웅의 권유로 조선공산당재건동맹에 가입하여 선전부 책임자로 활동한다.

1930년대 초 양순모가 서울 보성전문학교를 졸업하고 이곳 화북학원에 입학했다. 입학과 동시에 북경반제동맹(北京反帝同盟)에 가입하여 활동하며 의열단장 김원봉의 지도를 받았다.

❻❽ 요아호동(鷂儿胡同) 5호
당시 경사경찰청(京師警察厅) 정집총대(侦缉总队)

당시 경사경찰청 정집총대가 있었던 곳으로 정치범과 사상범, 즉 우리 독립운동가가 피체되면 끌려온 중화민국의 수사본부였다. 이 장소 역시 필자가 오랜 노력 끝에 그 주소를 찾아냈다.

당시 중화민국 정부는 조선인 사상범(공산주의자), 즉 독립운동가를 잡으면 국적이 일본이므로 그들에게 신병을 인도했다. 1933년 2차 피체된 장지락 역시 이곳으로 끌려와 심문을 받다가 일본에 인계된다.

⑥⑨ 위가호동(魏家胡同)

권상수(權相銖, 1873~1941, 건국훈장 애족장)가 이곳에 거주했다. 박용만이 경영한 석경산농장에 근무했고, 1925년 심산 김창숙 등이 주도한 유림단(儒林團)에 가입하여 군자금 모집활동을 전개했다.

유림단은 내몽골 지방의 미간지와 황무지 20만 정보를 매입하여 이상촌을 건설할 계획이었다. 즉 만주 지역의 한인을 집결하여 개간사업을 일으키고, 그 수익금으로 무관학교(武官學校)를 설립하여 군대를 양성하는 둔병식(屯兵式) 제도를 실시함으로써 10년 동안 실력양성을 통해 독립을 달성한다는 원대한 포부를 갖고 있었다. 이에 따라 군자금을 모집하기 위해 1925년 여름 국내로 파견되어 이상촌 건설에 필요한 군자금 수합활동을 전개했는데, 1926년 4월 의열단원의 활동이 발각된 가운데 이에 연루되어 고초를 치렀다.

⑦⓪ 위가호동(魏家胡同)
당시 위가호동 19호

담양 출신 의열단원 김종(金鐘)이 이 집에 거주했다. 1920년 애국청년혈성단을 조직하고, 1925년 의열단장 약산 김원봉과 함께 황포군관학교 4기로 입교하여 보병과를 졸업했다. 1932년 남경에서 개교한 조선혁명정치군사간부학교의 군사교관으로 전술학, 폭탄제조, 기관총학 등을 가르친다.

ⓖ 이화원 / 고궁(故宮) / 북해공원 / 천단공원(天坛公园)

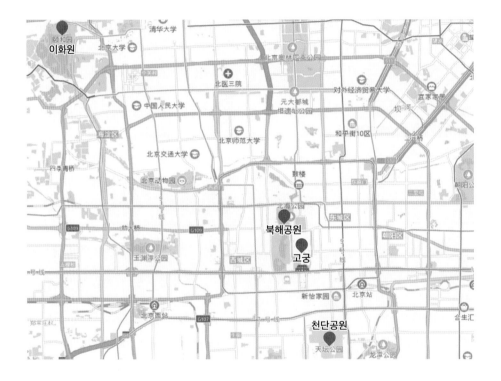

1922년 여름 동성(東城) 인화공우(人和公寓)에 거주하는 조성환이 같은 공우에 거주하는 류자명, 김응룡, 김성환, 이재성에게 『관화류편(官话类篇)』을 교재 삼아 중국어를 가르쳤는데, 어느 날 이들을 안내하여 이화원, 고궁, 북해공원, 천단공원 등 명승고적을 구경시켰다.

이화원 만수산(萬壽山)
불향각(佛香閣)

조성환은 북경을 대표하는 독립운동가로 1907년 신민회 조직에 참여하고, 1909년 2월 일찍이 북경으로 망명하여 만주와 노령을 무대로 독립운동의 터전을 다지는 데 총력을 기울였다. 1919년 임정의 노령대표 및 군무위원으로 참여했고, 1919년 북로군정서의 참모장이 되었다.

1920년 말에는 밀산에 모인 대한독립군단(大韓獨立軍團, 총재 서일)의 부총재가 되어 자유시로 넘어갔고, 거기서 자유시참변을 겪은 후 다시 북경으로 돌아왔다. 북경에서 임정의 외무위원으로 활약했고, 1926년 북경에서 한국유일독립당촉성회를 조직하고 기관지 『촉성보(促成報)』를 발행했다. 1931년 이후 임시정부에 투신하여 국무위원과 군무위원으로 임시정부를 이끌었다.

⑫ 전국인대기관판공루(全國人大機關瓣公樓)
　　당시 중국대학(中國大學)

이곳은 현재 천안문광장 서남쪽, 인민대회당 남쪽에 위치한다. 1913년부터 1949년 중화인민공화국이 생길 때까지 이곳에 중국대학이 자리하고 있었다.

서간도에서 신흥강습소의 교장을 지낸 이광(李光)이 1912년 북경으로 와서 신

우리나라의 국회 격인
인민대회당을 관리하는
전국인대기관판공루 건물

규식이 조직한 동제사에 가입하여 활동하면서 중국대학에서 학업을 계속했다. 이 광은 1921년 12월 임시정부 외무부 외교위원으로 조성환, 한영복(한세량)과 함께 북경 주재 특파원 임무를 맡아 거주권 확보와 생활안정 등 교민의 생계를 보호했다. 1930년에는 북경에서 박용태(朴龍泰) 등과 대한독립당주비회(大韓獨立黨籌備會)를 결성하고, 기관지 『한국의혈(韓國之血)』을 순간(旬刊)으로 발행했으며, 기자로 활동했다.

　　1923년부터 1924년경 김성숙이 민국대학(民国大学)에 재학하며 중국대학에도 등록하여 독서를 했다는 기록이 남아 있다.

　　이 대학의 다른 독립운동가 행적으로 이육사가 있는데, 1925년 8월 이육사가 이정기(李定基, 1898~1951, 건국훈장 애족장), 조재만(曺再萬, 1906~1990, 건국훈장 애족장)과 북경에 처음으로 방문한 기록을 시작으로, 1926년 10월 16일에는 이육사가 이곳 중국대학 상과(商科)에 선과생(選科生)으로 입학했다. 1927년 6월 10일까지 두 학기를 재학한 후 중퇴했고, 당시 이 대학 재학과 동시에 북경대학에도 청강생으로 등록하여 수학했다.

❼❸ 전문대가(前门大街)
당시 전문 밖(前门外) 천주회관(泉州会馆)

전문(정양문) 남쪽의 전문대가에 위치하고 있던 여관이다. 하지만 이 지역의 악명 높은 무분별한 재건축으로 사라졌다.

1924년 류자명이 북경에서 대만인 임병문과 범본량을 알게 되었고, 아나키스트였던 그들은 가깝게 지내게 된다. 임병문은 북경우정국에서 근무했고, 류자명은 한동안 이곳에서 임병문과 함께 생활했다. 단재도 류자명을 통해 임병문을 알게 되었다.

이때 서울에서 북경으로 온 이지영도 류자명을 통해 단재와 임병문을 알게 되었고, 이지영은 이후 천진에서 활동하다가 피체되어 신채호가 있는 여순감옥에 투옥된다.

임병문은 1928년 단재가 피체되는 국제위폐사건 당시 북경우정국에서 위폐를 담당하며 단재를 도와 이 일을 주도하다가 피체되었다.

❼ 전문동대가(前门东大街) 23호원
당시 미국 주중화민국공사관

현재 카페와 레스토랑으로
쓰이고 있는 미국 공사관
건물. 천안문광장을
둘러보며 가볼만한 곳이다.

1918년 11월 여운형을 중심으로 만들어진 신한청년당은 김규식을 파리강화회의
에 파견하기 위해 준비하고 있었다.

1919년 1월 북경에 있던 김규식은 이곳 북경 주재 미국공사에게 청원서를 제
출한다. 그 내용은 김규식이 파리강화회의와 파리에 도착해서 수행할 임무를 진술
한 것으로, 파리로 떠나기 전 미국 정부와 파리 미국대표단의 협조를 당부한 것
이다.

1919년 3월 8일 3.1독립운동 이후 국내에서 파견된 연락책이던 현순 목사는
상해를 거쳐 이날 북경에 도착했다. 그는 손정도 목사와 함께 동인병원에 묵으며
북경YMCA를 방문해 미국인 총무 게일리를 만난 후 그와 함께 미국공사관을 방
문해 1등 서기관 테니를 만난다.

㉟ 전세와창호동(前細瓦廠胡同)

박용만을 지도하며 함께 활동했던 김규흥(金奎興, 가명 김복金復, 호 범재, 1872~1936, 건
국훈장 애국장)이 거주했다. 1908년 3월 일찍이 중국 광동으로 망명하여 중국에서
김복(金復)이라는 가명으로 활동했다. 그는 고종의 비밀첩보기관인 제국인문사의
중국 활동 요원이기도 했으며, 1911년 신규식과 함께 신해혁명에 가담한 두 명의

1922년 북경흥화실업은행 창립식 사진. 앞줄 왼쪽 다섯 번째가 김규흥 선생이다.

한국인 중 한 명이었다. 신해혁명 당시 혁명군의 유일한 조선인 장군(소장)이었다. 또한 공화주의자였으며, 독립운동의 무장투쟁 선구자였다.

1919년 임시정부에 참여했고, 파리강화회의에 파견된 김규식을 돕기 위해 파리로 파견되었다. 파리에서 돌아온 후 박용만 등과 대조선국민군(大朝鮮國民軍)을 조직하기 위한 자금을 마련하기 위해 1922년 11월 4일 북경에서 박용만과 함께 홍화실업은행(興化實業銀行)을 설립하여 독립운동자금 조달에 노력했다.

홍화실업은행은 박용만 등이 중국인과 연합하여 세운 은행으로 중국인 자본과 민족자본 등을 예치 받아 그 자본을 불려 군대와 이상촌 건설, 독립운동자금으로 사용할 목적으로 만든 은행이었다. 하지만 결국 이 은행 프로젝트는 예치금이 적어 원활히 운영되지 못하여 실패했다. 당시 은행의 위치는 확인하지 못했다.

⑯ 정양문(正阳门, 전문前门)

정양문은 천안문광장 남쪽의 유명한 문으로, 보통 '전문(前门)'이라고 부른다. 그 앞의 남북으로 뻗은 길을 '전문대가'라고 하며, 과거 북경의 상징적인 상업거리였다. 현재의 전문대가는 중국 정부 주도의 난개발로 인해 북경 문화조성거리 실패의 상징이 되어 옛 역사적 명성을 송두리째 훼손시켰다.

이 정양문과 관련이 있는 인물은 소설 『상록수』를 쓴 작가 심훈이다. 1919년 3.1독립운동 참여 후 옥살이를 하고, 지인의 소개로 우당 이회영 선생을 찾아

'전문'이라는 별칭으로 더
잘 알려진 천안문광장의
남쪽 입구인 정양문

1920년 연말 북경으로 망명을 오는 길이었다. 그는 경봉선(京丰线) 열차의 종점인 정양문 동역에 내려 정양문을 바라보며 시「북경의 걸인(乞人)」을 남겼다. 이후 심훈은 총 2년 반의 망명 생활을 한다. 일부 자료에 심훈이 북경에 온 시점을 1919년 연말이라 하나 잘못되었다.

북경의 걸인

세기말 맹동(孟冬)에 초췌한 행색으로 정양문 차창에 내리니
걸개의 떼 에워싸며 한 분(分)의 동패(銅牌)를 빌거늘
달리는 황포(黃包) 차상(車上)에서 수행(數行)을 읊다.

나에게 무엇을 비는가?
푸른 옷 입은 인방(隣邦)의 걸인(乞人)이여
숨도 크게 못 쉬고 쫓겨 오는 내 행색을 보라,
선불 맞은 어린 짐승이 광야를 헤매는 꼴 같지 않으냐.

정양문 문루(門樓) 위에 아침 햇발을 받아
펄펄 날리는 오색기(五色旗)를 치어다보라

네 몸은 비록 헐벗고 굶주렸어도
저 깃발 그늘에서 자라나지 않았는가?

거리거리 병영(兵營)의 유량한 나팔(喇叭)소리!
내 평생(平生)엔 한 번도 못 들어 보던 소리로구나
호동(胡同) 속에서 채상(菜商)의 외치는 굵다란 목청
너희는 마음껏 소리 질러 보고 살아 왔구나.

저 깃발은 바랬어도 대중화(大中華)의 자랑이 남고
너의 동족(同族)은 늙었어도 '잠든 사자'의 위엄이 떨치거니
저다지도 허리를 굽혀 구구히 무엇을 비는고
천년이나 만년이나 따로 살아온 백성이어늘—

때 묻은 너의 남루와 바꾸어 준다면
눈물에 젖은 단거리 주의(周衣)라도 벗어 주지 않으랴
마디마디 사모친 원한을 나눠 준다면
살이라도 저며서 길바닥에 뿌려 주지 않으랴
오오 푸른 옷 입은 북국(北國)의 걸인이여!

* 이 시의 상세한 해설은 필자의 유튜브 채널 '북경반점'을 보시기 바란다.

㉗ 제이실험소학(第二实验小学)
당시 민국대학(民国大学)

현재의 제이실험소학 관할에 옛 민국대학으로 사용하던 건물이 그대로 남아 있
다. 현장에 가보면 사거리를 중심으로 서북쪽에 신식 건물로 지어진 제이실험소학
이 있고, 동쪽으로 길을 건너 오른쪽으로 조금 더 가야 옛 민국대학 건물을 볼 수

극근군왕부 정문(위)과
중국음악학원 동문(아래)

있다. 자료를 보다 보면 많은 답사자들이 길 오른쪽에 옛 민국대학 건물이 있는 줄 모르고 왼쪽의 제이실험소학의 현대식 건물에 가서 그곳이 민국대학이라며 사진을 남긴 것을 볼 수 있다. 자료의 제이실험소학만 보고 그 곁에 옛 건물이 있는 줄 몰라서 일어나는 일이다. 답사 시 주의를 요한다.

이곳은 청나라 때 극근군왕부(克勤郡王府)로 사용되던 곳으로, 1916년 북경대학의 교장 채원배에 의해 민국학원으로 설립되었다. 1920년 8월에는 북경대학의 병설로 전환되었고, 1923년 청나라 시기에는 순친왕부남부(醇親王府南府)이자 현 중앙음악학원으로 학교가 이전되면서 이름도 '민국대학'으로 개명되었다.

1923년 김성숙이 정치경제과에 입학했으니 두 캠퍼스를 모두 다녔거나 현 중앙음악학원 캠퍼스를 다닌 셈이 된다.

김성숙은 이 학교에 재학하며 북경에서 많은 일을 벌이는데, 우선 청년들의 모임에서 뛰어난 이론을 바탕으로 달변가로 활동했고, 의열단에 가입하고, 불교유학생회, 고려유학생회, 북경조선고학생회를 조직했으며, 이르쿠츠크파 고려공산당 조직인 창일당을 조직하기도 한다.

이 학교의 다른 인연은 아나키스트 정래동이 재학했으며, 1924년 이 대학 재학 중 한중문학가연합인 '흑기연맹'에 가입하여 활동한다. 귀국 후에는 수필집 『북경시대』를 출간하기도 한다.

1931년에는 우당 이회영이 주도한 천진 일청기선과 천진 일본영사관에 공격을 가하는 작전에 이 학교 재학생들인 정래동, 오남기, 국순엽이 참여한다. 이들은 모두 아나키스트였다.

또한 1931년 한위건이 지하 활동 중인 중국공산당 당지부를 이곳에 설립하고 서기가 되었다.

⑦⑧ 제일실험소학(第一实验小学)

당시 북경국립사범대학(北京国立师范大学)

제일실험소학 담장.
조금만 남쪽으로 가면
유리창(琉璃厂) 거리다.

제일실험소학 정문과 출판을
후원해주신 독립운동가
정학빈(정유린) 여사의 손자
김상진 회장

임유동(林有棟, 1900~1950, 건국훈장 애국장)이 이 학교에 재학했다. 1924년 여름 북경 국립사범대학 재학 중 여름방학에 귀향했을 때 서울에서 열린 조선학생총연합회에 발기인으로 참여했다. 1926년 봄 북경국립사범대학을 졸업하고 1927년 6월 중순경 귀국했는데, 조선학생총연합회 관련 사실로 인해 일경에 붙잡혔다가 1927년 7월 25일 석방되었다.

1928년 2월 5일 제3차 조선공산당(朝鮮共産黨) 조직에 연루되어 김준연(金俊淵), 온낙중(溫樂中) 등과 함께 일경에 붙잡혔다가 1928년 2월 13일경 석방되었다. 그 후 동년 7월 21일 북경 한인청년회(韓人靑年會)에 가입한 뒤 선전원의 사명을 띠고 입국하여 활동하다가 재차 일경에게 붙잡혀 1928년 12월 12일 신의주지방법원에서 징역 2년형을 언도 받고 옥고를 치렀다.

1929년 9월 1일 출옥한 후 중외일보(中外日報)의 상무로서 경영을 맡았다.

⑲ 중공중앙기율검사위원회[中央纪委]

당시 서성구(西城区) 공과대학[工業學校]

중국 최고권력기관 중의 하나인 중앙기위

1929년 3월부터 1930년 4월 말까지 장지락이 북경여자사범대학(노신중학)과 북경대학, 그리고 이곳 공과대학〔工業學校〕에서 중국공산당 북경시위원회 지하활동을 하며 당 지도사업을 전개했다.

　　1930년 11월 20일 장지락이 1차 체포된 곳은 이 대학 부근 동지의 아파트였다.

⑧⓪ 중국중의과학원(中国中医科学院)
당시 조양대학(朝阳大学)

조양대학은 중국정법대학(中国政法大学)의 전신이다. 현재 중국중의과학원으로 바뀐 이곳에는 아직 옛 건물들이 일부 남아 있다. 위치는 북신창호동(北新仓胡同), 즉 북문 쪽이 정문이다.

　　1924년 9월 류기석(柳基石, 가명 류수인柳樹人, 필명 류서柳絮, 1905~1980, 건국훈장 독립장)이 조양대학 경제학과에 입학한다. 1924년 심용해 등과 아나키즘 연구단체인 '흑기연맹'을 조직하고『동방잡지』를 발행하여 아나키즘 사상 보급에 노력했다. 1925년 1월 한인교회 위원으로 피선되었으며, 북경고려유학생회 체육부 임원으

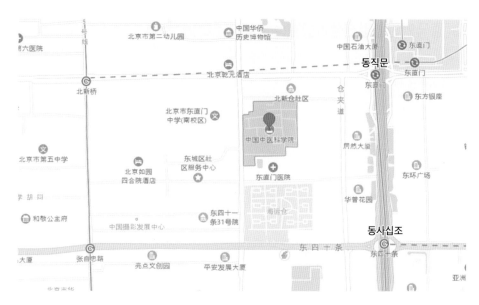

중의과학원 북쪽 정문

로도 활동했다. 그는 중국의 작가이자 아나키스트인 파금과 친분이 깊었다. 1925
년 3월 김성숙과 함께 고려유학생회가 발간한 사회주의 계열 잡지 『해외순보』를
발간했다. 1927년 노신의 『광인일기』를 최초로 번역하여 국내에 소개했다. 1932
년 12월 천진 일청기선 폭탄 투척사건에 주도적으로 참여했다.

㉛ 중국인민항일전쟁기념관(中国人民抗日战争纪念馆)

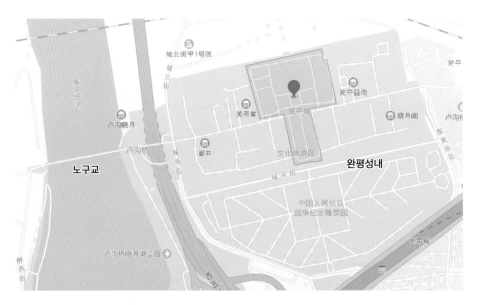

중국인민항일전쟁기념관
정문

이 기념관은 중일전쟁이 시작된 노구교 동쪽 완평성 안에서 1987년 7월 7일 일반에 공개되었다. 공개일을 1987년 7월 7일로 한 것은 중일전쟁 50주년을 기념하기 위함이었다.

중국은 청일전쟁(淸日戰爭)과 중일전쟁을 묶어 "50년간의 반파쇼전쟁에서 1945년 9월 3일 최종 승리했다"라는 역사적 관점을 가지고 있다.

이 50년간의 전쟁 중 가장 위대한 행진곡으로 전라도 광주 출신의 혁명음악가 정율성의 「팔로군행진곡」이 선정되었고, 이 곡은 중국 인민해방군(人民解放軍) 전체를 대표하는 '중국 인민해방군 군가'로 선정되었다.

이 곡은 1988년 등소평(鄧小平, 1904~1997)에 의해 모든 공식 국가행사에서 국가(國歌) 다음으로 연주되도록 법으로 정해졌다. 이 곡의 악보가 기념관 1층 로비에 전시되어 있다.

전시실 내부로 들어가면 연안과 태항산에서 활약한 조선의용군의 관련 사진도 전시되어 있다.

㉜ 중산공원(中山公园)
당시 북평중앙공원(北平中央公园)

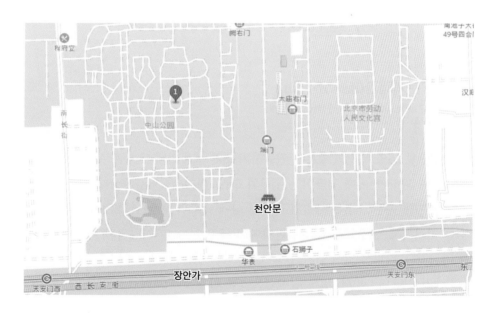

천안문 서쪽에 위치한다. 1924년 8월 이 공원에서 열린 유럽과 아시아 각국의 반제국주의 단체와 개인이 참가하는 '반제국주의운동대연맹회'에 대한통의부 전권

중산공원 내부 패루

대표로 이세영과 조남승이 참가했다.

1943년 북경에 온 이육사가 이곳 중산공원에서 산책하던 중 매일신보사 북경 특파원이자 문학평론가인 백철을 우연히 만난다.

⑧③ 지안문외대가(地安门外大街)
당시 후문외고루교대가(后门外鼓楼桥大街)

1921년 3월 14일 북경의 일본 전권공사가 일본 외무성에 보고한 '북경 요시찰 조선인표'에 의하면, 이때 김좌진은 후문외고루교대가(后门外鼓楼桥大街)에 머물고 있었다. 여기서 후문(后门)은 북경의 종축선 상에 있으며 1954년 철거된 지안문(地安门)을 가리키고, 고루교(鼓楼桥)는 현재의 만녕교(万宁桥), 즉 당시의 후문교(后门桥)를 가리킨다. 따라서 당시 김좌진이 머물렀다는 후문외고루교대가는 현재의 지안문외대가(地安门外大街)다. 당시 김좌진은 4월 17일부터 개최된 군사통일주비회의 만주 제 단체 참가 조율건으로 북경에 온 것으로 보인다.

김좌진의 두 번째 북경 방문 기록은 북경군사통일회가 국민대표회의 소집과 별도로 상해 임정을 부인하고 새로운 정부를 수립할 것을 선포하자, 각지 한인은

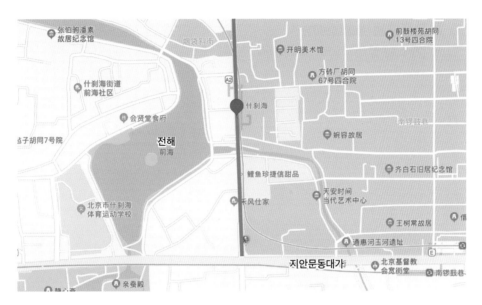

만녕교와 용의 아홉 아들
중 물을 좋아한다는
팔하(霸下)의 석조

찬반 의견으로 양분되었다. 천진민단의 경우 민중대회를 열어 군사통일회의 부당
성을 비난했다. 반면 북경의 유학생, 고려기독교청년회 등은 지지하는 입장을 밝
혔다. 이러한 와중에 군사통일회는 1921년 8월 16일부터 북경 군사통일회 제2차
회의를 개최할 것을 계획했다. 이 회의에 참가하기 위해 8월 9일 박건병은 상해에
서 북경으로 돌아왔고, 김좌진도 간도에서 북경으로 왔다. 하지만 경제난 및 각종
단체의 비난 등으로 인해 제2차 대회는 열리지 못했고, 모든 문제는 국민대표회의
에 이관하고 말았다.

⑧⑷ 차련점호동(車輦店胡同)

당시 차련점호동 23호 / 밀정 김달하의 집

필자가 최초 고증한
김달하의 집 동쪽문. 원래
정문은 남쪽에 있으나
현재는 막혀 있다.

밀정 김달하는 평안북도 의주 출신으로 경술국치 이후 북경에 거주했다. 당시 북양군벌 단기서 정부의 시종관부 부관으로 일하면서 독립운동가들과 접촉했다. 단기서의 안휘파 군벌이 공공연히 일본과 협력관계였으므로 그 부관이던 김달하도 일본에 매수되었을 것이라고 본다.

김달하는 심산 김창숙의 곤궁함을 이유로 들어 귀국하면 경학원 부제학 자리를 줄 수 있고 이미 총독부의 허락까지 받았다는 말로 그를 회유하려다가 실패했다. 이에 김창숙은 이 일을 우당 이회영과 단재에게 알렸고, 1925년 3월 말 그의 집 뒷마당에서 다물단 이인홍과 이기환이 그를 목 졸라 처형했다.

이 사건은 북경 독립운동가 사회에 큰 파문을 일으켰다. 독립운동가 대부분이 피신했고, 이회영의 딸 규숙은 체포되었다. 이런 와중에 우당 이회영은 두 살 난 막내아들과 손녀 둘이 잇달아 병사하는 아픔을 겪었다.

⑧⑤ 천안문광장(天安門廣場)

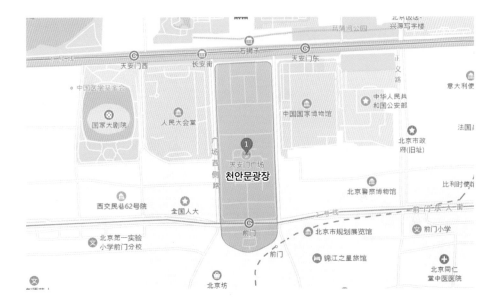

1925년 2월 중국의 일본계 방적 공장에서 일본인 감독이 중국인 여공을 학대한 것을 발단으로 시작된 반제국주의 민중운동인 5.30사건이 발생한다.

1925년 상해에서 5.30사건이 발생하여 반제국주의운동이 절정에 이르렀을 때, 북경에서 조선유학생 대표로 조양대학 재학생 류기석이 천안문광장에서 열린 민중대회에 참가하여 외국인 중 가장 먼저 등단하여 연설한 사실이 7월 10일자 조선일보에 실렸다.

⑧⑥ 청화대학(清华大学) 청화원(清华园)

청화대학 경내

옛 청화대학의 상징인
청화원 패루

1922년 4월 4일부터 4월 9일까지 청화대학 내에서 세계기독교학생동맹 11차 대회가 열렸다. 이 세계대회에 개최국 중국을 제외하고 당시 무려 34개국 146명의 대표가 참가했다. 개최국 중국은 550여 명이 참석했다.

이 대회에 한국 대표들도 참가했는데, 조선중앙청년회 종교부장 및 한국대표 이상재(李商在, 호 월남月南, 1849~1927, 건국훈장 대통령장), 총무 신흥우(申興雨)가 참석했고, 북경 기독교청년연합회 간사 이대위, 광주사립여학교 교사 김필례와 상해임시정부에서 활동하던 손정도, 그리고 여운형(呂運亨, 호 몽양梦阳, 1886~1947, 건국훈장 대통령장) 등도 참석했다. 이것이 여운형이 북경에서 활동한 유일한 기록이다.

(87) 통주구(通州區) 노하중학(潞河中學)

교정에 설치된 주문빈 동상(좌)과 학교 건물(중앙), 교내 중앙로인 문빈로(우)

북경시 동쪽 통주의 노하중학은 현재도 북경의 10대 명문학교에 손꼽힌다. 이 학교는 1867년 미국 감리교단에서 설립했다. 목사였던 김기창 일가가 이 근처에 터를 잡고 아들 4형제를 이 학교에 보낸 것으로 추측된다. 1920년대에는 장자일 등 총 41명의 조선인 학생이 재학했는데, 이는 감리교 재단이어서 가능했을 것으로 보인다. 현재도 이 학교에는 당시의 건물들이 많이 남아 있다.

1919년 5월 이용설이 서왈보의 도움으로 입학하여 이곳에서 8~9개월 동안 영어와 중국어를 공부했다. 그리고 1920년 협화의원으로 옮겨 인턴생활을 했다.

1916년 김기창의 아들 주문빈이 노하소학교에 입학한다. 1921년에는 노하중학에 입학한다. 이 학교의 교내 혁명열사기념비에는 주문빈의 업적이 가장 윗줄에 새겨져 있고, 교내에 주문빈의 동상이 있으며, 교내 중앙의 길 이름이 '문빈로'다. 주문빈은 이 학교 출신의 가장 유명한 인물이며, 항일투사였다. 그는 조국의 독립을 위해 1926년 7월 중국공산당에 가입했고, 1944년 중국인을 이끌고 하북성에서 일본군과 전투를 벌이다가 36세의 나이로 전사했다.

1922년에는 한영근이 재학했는데, 이 학교 재학 중 국권회복운동에 투신했다.

1922~1923년에는 양명이 재학한다. 이 학교 졸업 후 1923년 가을 북경대학 문과대에 입학했다. 1924년 운암 김성숙과 함께 이르쿠츠크파 공산주의 조직인 창일당을 조직하는 핵심 멤버가 된다.

⑧⑧ 통주구(通州區) 복흥리소구(復興里小區)
당시 통주 복흥장촌(復興庄村)

1914년 주문빈의 아버지 김기창이 가족을 이끌고 정착한 마을이다. 번지수는 전하지 않는다. 김기창은 목사로서 신민회에 참여했고, 1908년 신민회 의주지회를 이끌기도 했다. 1911년 신민회가 와해되는 105인사건으로 피체되었다가 1914년 북경으로 망명하면서 처음 터를 잡은 곳이 바로 이곳이다.

이 마을은 현재도 통주에서 가장 유명한 노하중학의 바로 옆에 있는데, 그의

복흥리소구 입구

아들들이 이 학교를 다녔다.

　　이후 김기창은 신민회 시절부터 알고 지내온 안창호의 흥사단에 가입하고, 이곳에서 거처를 해전으로 옮겨 해전농장 경영 등 안창호와 함께 활동한다.

　　그는 목사이자 독립운동가로 활동했고, 그의 아들 중 둘째 김영호, 셋째 김성호(주문빈), 넷째 김상호도 중국공산당 당원으로 가입해 독립운동을 했다.

❽❾ 팔보산혁명공묘(八宝山革命公墓)

2015년 8월
팔보산혁명공묘로 답사를
온 북경한국국제학교
학생들

북경의 국립묘지 격인 팔보산혁명공묘는 규모가 그리 크지 않다. 중국의 수많은 혁명인사 중 일부만이 이곳에 안장되어 있다. 그중 우리 조선의 혁명가 정율성이 잠들어 있다.

정율성은 전라도 광주 출신으로 1932년 약산 김원봉이 세운 남경 조선혁명정치군사간부학교를 2기생으로 졸업했다. 1935년에는 민족혁명당에서 사무를 보

며 근무하기도 했고, 이후 연안으로 가 항일군정대학에서 음악을 가르치기도 했
다. 이후 태항산으로 옮겨 조선의용군과 조선혁명군정학교 간부로도 활약했다. 해
방 후 귀국하지 않고 북경에서 생을 마감했다.

그는 중국에서도 손꼽히는 혁명음악가로 남았고, 대표곡으로는 중국의 제2 국
가(國歌)라고도 불리는 「중국 인민해방군 군가(원명 팔로군행진곡)」 및 「연안송」, 「연
수요」, 「우리는 행복해요」 등의 많은 곡을 남겼다.

현재 전라도 광주에는 그의 생가가 보존되어 있고, 해마다 정율성 가요제 및
동요제가 열린다.

⑨⓪ 하강호동(下岗胡同)
당시 하강호동 16호

1919년 3월 이곳에서 신대한동맹회가 결성되었다. 회장 박정래, 부회장 최우(崔
愚), 총무 이상만(李象萬, 호 혜춘惠春, 1884~1955, 건국훈장 독립장), 재무 조두진(趙斗珍),

교제부장 유장연(劉璋淵), 서기 연병주(延秉柱) 등의 간부가 선출되었고 회원은 전재홍(田在弘), 유중한(柳重韓), 최훈식(崔勳植) 등 28명이었다. 신대한동맹회는 곧 설립될 임시정부를 지원하기 위해 조직되었고, 북경 정부와의 외교 접촉 및 북경 한인사회 결집과 자금모금 활동 등을 했다.

⑨ 향산공원관리처(香山公园管理处)
당시 향산공원 보안대

중국공산당을 창시한 이대조(李大釗)가 1920년대에 조선혁명가 김일학(金一鶴), 김상지(金尙志) 등 7명을 이곳에 파견해 비밀활동을 전개하도록 했다.

　1930년대 최용철(崔用哲)이 향산자유원 보안대 대장으로 근무 및 항일활동을 했다. 후에 일제에 체포되어 옥사했다.

향산공원관리처에 남은
유일한 당시 건물

㊎ 향산 남영(南营) 53호

당시 서산(西山) 양황기(镶黄旗) 남영(南营) 13호

향산역

1930년 중국공산당 북평시위원회 조직부 부장을 맡고 있던 장지락이 이곳에 당
원 훈련반을 세우고, 연인 류령(제숙영)과 함께 당의 기초지식과 마르크스주의 이
론 등을 강의했다.

번지수는 찾았으나 옛 건물은 아니다. 대문 안에 100년은 족히 넘어 보이는 나무가 있는데, 그만이 진실을 알 수 있다.

❾❸ 향산(香山) 몽양원(蒙养园)

당시 서산고아원

향산은 북경에서 가을 단풍으로 유명한 대표적인 곳 중 하나다. 산도 야트막하고 리프트가 설치되어 있어 정상까지 쉽게 오를 수 있다. 무엇보다 산 아래 각종 꽃과 나무가 잘 조경되어 있어 주변의 식물원과 함께 북경 시민의 나들이 장소로 각광

212

현재 식당과 호텔로
쓰이는 몽양원 입구

을 받고 있다. 그리고 이곳에서도 100년 전 우리 독립운동가들이 활동했다.

1921년 봄부터 북경에서 열린 군사통일주비회에 참석하기 위해 만주에서 북경으로 온 독립군들이 '한교교육회'를 조직하고, 이곳에 '집의학교'를 세워 간도참변 때 희생당한 독립군들의 자제를 교육했다. 회장은 신흥무관학교 교장이던 이세영, 부회장은 김성환이 맡았다.

1921년 말 몽양원은 당시 서산고아원이었다. 상해에서 올라온 장지락이 안창호의 주선으로 함께 북경에 온 5명의 한인 학생과 함께 기숙했다. 현재 몽양원은 숙박과 식사가 모두 가능하다. 이곳에 간다면 식사를 해보기 권한다.

❾❹ 화풍호동(华丰胡同)

당시 법통사호동(法通寺胡同) 72호

이 골목에서 현재의 화풍호동 72번지를 찾아보았지만, 현재의 번지수는 40번지대에서 끝나고 그보다 큰 숫자의 번지수는 모두 사라졌다. 즉, 이 골목의 지번이 모두 바뀐 것이다.

당시 이 골목 이름이던 법통사호동 72번지에 천도교 전도실이 있었고, 그곳에 천도교인 이민창이 거주했다. 그는 1923년 상해에서 열린 국민대표회의에 창조

화풍호동 표지와 서쪽에서 동쪽을 바라본 사진

파로 참여했고, 통일당 문화부 소속으로 활동했다.

㉟ 효순호동(曉順胡同)

당시 효순호동(孝順胡同) 1호와 2호

효순호동 1호 건물. 옛
모습 그대로 남아 있다.

지도와 내비게이션으로 검색하면 효순호동은 전문대가 동쪽에 북효순호동과 남
효순호동이 검색되어 필자가 한동안 위치를 찾는 데 애를 먹었던 골목이다. 그리
고 숭문문교회 답사를 여러 차례 가고 나서야 교회 바로 앞 20m 짧은 골목이 진짜
효순호동이라는 것을 알아내는 데 꽤 오랜 시간이 걸렸다.

　숭문문교회 정문 바로 앞 약 20m의 짧은 이 효순호동에 도산 안창호가 북경에 올 때마다 묵었다. 주소는 1호와 2호이며, 이 집은 아직 헐리지 않은 채 남아 있지만 내부가 많이 개축되어 옛 모습을 찾기는 쉽지 않다. 당시 교회 바로 앞의 이 집은 교회의 관사 같은 역할을 했고, 중요 인사가 교회를 방문하면 숙박을 제공하기도 했다.

3   활동 장소가 확인되지 않은
                        북경의 독립운동가들

북경에서 활동했으나 장소를 비정할 수 없는 이 독립운동가들은 그 공훈록을 살펴보면 북경의 독립운동이 어떤 것이었는지 이해할 수 있다.

무장투쟁의 구심점을 만들기 위한 군사통일주비회에 참석하기 위해 온 사람도 있고, 국내 항일운동 중 핍박을 받고 망명한 이들도 있으며, 만주와 연해주에서 활동하다가 관내로 넘어온 사람들도 있다. 또한 그중에는 밀명을 받고 북경에서 활동한 사람들도 있는데, 중앙육군군관학교 성자분교를 졸업하고, 조선의용대 창립 대원이었으며, 건국훈장 애국장을 받은 임평(林平)은 1941년 조선의용대 정치공작원으로 김무, 고생호(高生鎬, 애족장) 등과 일제가 장악한 북경에 잠입하여 한인 주점을 경영하면서 대원을 모집한 영화 같은 스토리도 있다.

필자가 수개월째 밤마다 공훈 자료를 뒤적이며 그야말로 꿈에 나올 정도로 정리하던 어느 날 "나도 북경에서 독립운동했으니 빼먹지 말라"라며 한 젊은이가 꿈에 나타난 적이 있다. 그 당혹스러웠던 꿈 때문에 일정 정도 책임감을 느낀다.

필자는 이 명단 작성을 위해 그간 수많은 자료에서 추려낸 인물들과 보훈처 독립운동자 공훈록에 실린 1만 3,700여 분의 공훈 내용을 전수조사하여 모두 읽어보고 단 하루라도 북경에 머물렀던 독립운동가들을 모두 추려냈다. 하지만 이는 끝이 아니다. 아직 서훈을 받지 못하고 인정받지 못한 독립운동가는 너무도 많다.

필자가 이 취미생활을 언제까지 계속해나갈 수 있을지는 잘 모르겠다. 가지고 있는 자료 중에도 아직 정리하지 못한 자료는 많다. 일본어로 된 밀정 자료는 내용을 다 파악하는 데 일정 부분 한계도 있고, 유료인 논문을 모두 다운받지 못해 아직 못 본 자료도 많으며, 오프라인으로만 구할 수 있는 자료도 많아 중국에 사는 필자가 구하기 어려운 것도 있다. 만약 이 글을 보시는 정부 기관에서 자료 검색을 도와주신다면 더 진행해볼 수도 있다.

독립운동사 외에도 관심을 갖지 않아 중국에 널부러진 사적은 너무나 많다. 필자는 이 책 외에도 밤만 되면 늘어나고 있는 편년체 『나만 모르는 세계사』를 900여 페이지째 집필 중이다. 장수왕이 천도한 요녕성의 평양, 궁예가 후고구려를 일으켰다는 철의 산지 철령 및 본계와 인삼이 난다는 만주의 신라산(新罗山), 압록강 북쪽에 있는 진짜 위화도 등 필자가 가보아야 할 곳은 너무도 많다.

　　필자 같은 일반인들이 시험을 위한 역사가 아니라 잊힌 것을 복원하고 진실을 파헤치는 역사에 많은 관심을 가져주시기를 간절히 바란다. 시대는 이미 식민사학을 넘어 시민사학의 길로 접어들고 있다.

❶ 강우범(姜禹範, 1884~미상) 건국훈장 애국장

1921년 4월 북경 군사통일회의에 북간도 국민군 대표로 참석하여 이승만의 대미 위임통치 청원 성토문과 국민대표회의 촉구 선언서를 작성했다.

1921년 5월 상해 프랑스 조계(租界)에서 국민대표회 발기회가 열리자, 발기인으로 대회 소집을 준비했다.

1922년 5월 국민대표회의 주비위원회가 조직되자, 신숙(申肅), 남공선(南公善)과 함께 북경 군사통일회 대표로 참가했고, 이듬해 1월 상해에서 개최된 국민대표회의에 참가하여 대표자격심사위원, 재정분과위원, 과거문제조사위원회 위원 등으로 활동했다.

1923년 6월 국민대표회의에서 국호를 '한(韓)'으로 선포하고 헌법을 제정했는데, 강우범이 국민위원회 위원으로 선정되었다.

1926년 10월 북경에서 원세훈(元世勳)·장건상(張建相) 등과 한국독립유일당 북경촉성회를 결성했으며, 1933년 8월 남경에서 중국인 진수인(陳樹人)과 김구, 신익희 등과 함께 중한호조연합회(中韓互助聯合會)를 결성하여 활동했다.

❷ 고생호(高生鎬, 1915~1946) 건국훈장 애족장

1939년 낙양에서 국민당 군대의 포로가 된 후 조선의용대로 넘겨져 대원이 되었다.

1942년 3월경 일본군 점령 지역인 북경 일대에 파견되어 동지 포섭 등의 활동을 전개했다.

해방 후 연변에서 조선의용군 제5지대 제16연대 부연대장으로 활동했다.

❸ 김갑(金甲, 1889~1933) 건국훈장 독립장

1921년 5월 북경에서 개최된 군사통일회(軍事統一會) 발기인 중 한 사람으로 국내노동당(國內勞動黨) 대표로 참석하여 그곳에서 대한민국임시정부에 대해 임시의정원을 취소하고 국민대표회의(國民代表會議)로 대체할 것을 요구했다. 또한 조선공화정부(朝鮮共和政府)를 수립하여 이상룡(李相龍)을 대통령으로 추대하고 재무총장(財務總長)이 되었다.

그리고 동년 10월에는 이승만(李承晩), 정한경(鄭翰景) 등이 미국 정부에 제출한 위임통치청원서(委任統治請願書)가 무효임을 주장하고 통박했으며, 1923년 6월 3일에는 국민대표회의(國民代表會議) 임정옹호파로 입장을 바꿔 창조파를 공격했다.

❹ 김란사(金蘭史, 가명 하란사河蘭史, 1872~1919)女

이화학당을 거쳐 일본 동경(東京)의 경응의숙(慶應義塾)에서 1년간 유학한 뒤, 1900년 남편 하상기(河相驥)와 함께 다시 미국으로 유학하여 오하이오주 웨슬렌 대학에서 수학하고 귀국하여 이화학당에서 교편을 잡았다. 대한제국의 여성으로서 최초로 미국 학사학위를 취득했다.

이화학당 교사로 재직하면서 민족교육운동 전개 및 성경학원을 설립하여 기독 정신 보급과 민족의식을 고취했다.

1919년 초 파리강화회의에 참석하기 위해 의친왕(義親王)의 밀칙을 받아 북경으로 건너갔으나 유행병에 감염되어 1919년 4월 10일 북경에서 사망했다.

❺ 김무정(金武亭, 1905~1951)

1923년 3월 경성의학교(京城醫學校)를 중퇴하고 도보로 압록강을 건너 만주를 거쳐 북경으로 갔다.

1923년 4월 보정으로 건너가 보정육군군관학교 포병과 단기과정에 입학했다.

1924년 3월 졸업 후 국민당군 포병 중위에 임관하여 1925년 포병 중령이 되었다.

1925년 북경으로 가서 중국공산당에 가입했다.

❻ 김정현(金禎顯, 1903~1964) 건국훈장 애족장

1919년 휘문고등보통학교(徽文高等普通學校) 재학 중 3.1독립운동에 참가한 후 학업을 중단하고 독립군의 국내 무기 반입을 도왔다.

1923년 북경으로 망명하여 학업을 계속하던 중 형 김시현(金始顯)이 일경에게 붙잡혔다는 소식을 듣고 김원봉(金元鳳)을 만나 의열단(義烈團)에 가입하여 활동했다.

동년 가을 군자금 모집과 일제 관공서 폭파 및 일제 고관 주살 등의 계획을 세우고 국내로 들어왔다가 동년 12월 22일 구여순(具汝淳)과 함께 붙잡혀 소위 제령(制令) 제7호 위반으로 징역 8월형을 언도 받고 옥고를 치렀다.

1924년 10월 출옥한 후 다시 북경으로 건너가 1925년 신민부(新民府)의 성동사관학교(城東士官學校)를 수료하고 독립군으로 활동했다.

❼ 김종진(金宗鎭, 1901~1931) 건국훈장 애국장

1919년 3.1독립운동이 일어나자 3월 7일 홍성(洪城)의 시위군중을 지휘하다가 주동자로 구속되어 수개월 동안 옥고를 치르고 동년 6월 미성년자라 하여 석방되었다.

1920년 4월 봉천(奉天)으로 망명한 후, 동년 가을 다시 북경으로 피신했다. 북경에서 신흥무관학교 교장이던 이세영과 북로군정서 대표 조성환, 그리고 이회영 등 다수의 동지들과 접촉하면서 내외정세를 관망하다가 독립운동가로서 교육과 훈련의 필요성을 깨닫고 상해임시정부 법무총장 신규식을 찾아가 그의 소개로 운 남성 군관학교교도대(軍官學校敎導隊)에 입대했다.

1929년 7월에는 사상계몽단체로 재만조선무정부주의자연맹(在滿朝鮮無政府主 義者聯盟)을 조직하고 대표가 되었으며, 김좌진의 위탁으로 신민부의 개편 정비작 업에 착수했다.

1930년 봄 북경에서 개최된 재중국조선무정부주의자대표대회에 북만대표로 참석하여 북만한족총연합회운동에 참여할 것을 결의케 했다. 1931년 7월 11일 공산주의자들에 의해 만주 중동선해림역(中東線海林驛) 교외에서 살해되었다.

❽ 김진우(金振宇, 1883~1950) 건국훈장 애족장

서예가였던 그는 연구를 위해 1919년 7월 북경에 들렀고, 다시 상해에서 친분 이 있던 이필주를 만나 임시의정원에 참가하여 강원도 의원으로 활동했다.

임정이 분열되자 1921년 2월 북경에서 김창숙, 이기일, 손영직, 이호태, 정수 기 등과 동거하며 국민대표회의 소집을 요구하는 '아 동포에 고함'을 발표했다.

❾ 김창세(金昌世, 1893~1934) 건국포장

도산 안창호의 동서이자 의사, 안식교인이다.

1916년 상해로 망명하여 적십자의원으로 근무했다.

1920년 3월 북경에서 개최한 원동서양선교회 의원(医院)대회에 참석했다.

1920년 5~11월 임시정부 공채관리국에서 근무했다.

1920년 3월 흥사단에 가입하여 안창호를 보좌했다.

1932년 안창호 석방을 위해 미국 정부에 탄원서를 제출했다.

⑩ 김화식(金華植, 1904~1952) 건국훈장 애족장

1925년 8월 김창숙이 북경에서 송영우를 선발대로 귀국시켜 자신이 귀국 후 만날 사람을 미리 접촉케 했고, 이봉노는 상해에서 호신용 및 위협용 권총 두 정을 구해오게 한 후 김화식에게 가지고 귀국케 했다.

1925년 8월 17일 김창숙과 함께 북경으로부터 비밀리에 입국하여 내몽골(內蒙古)지방에 3만 정보(9천만 평)의 땅을 개간하여 독립군기지를 건설할 자금으로 20만 원 모금을 목표로 활동을 전개했다.

동년 10월에는 홍순철(洪淳喆), 송영우(宋永祐) 등에게 권총과 『독립운동지혈사』 등을 교부하여 독립운동의 당위성을 설파하고 군자금을 모집하도록 했다. 이를 '제2유림단 사건'이라고 하는데, 김화식은 동지들과 함께 붙잡혀 1927년 2월 10일 소위 치안유지법 위반으로 대구지방법원의 공판에 회부되어 동년 3월 29일 징역 3년형을 언도 받고 옥고를 치렀다.

⑪ 김희중(金熙重, 1894~1932) 건국훈장 애족장

1921년 1월 중국으로 망명하여 북경에서 박용만(朴容萬), 이회영(李會榮) 등이 주도·조직한 독립단에 가입하고 경리부장에 선임되었다. 태평양회의가 미국 워싱턴에서 개최된다는 소식을 접하자, 전 민족이 내외 상응하여 독립운동을 개시하면 우리 민족의 독립 의지를 국제사회에 널리 알리고 독립을 공인받을 수 있는 절호의 기회로 생각했다. 이를 위해 국내 각지에 독립단을 결성할 목적으로 동년 8월 귀국했다.

그리하여 9월 평소부터 독립운동의 뜻을 함께하던 황정연(黃正淵), 이춘구(李春

求) 등과 모임을 갖고 군사령부를 조직할 계획임을 알렸다. 이에 황정연을 경리부 부장, 이춘구를 참모장으로 하는 군사령부를 조직하기로 하고 이후 사단 설치를 위한 모의를 계속했다. 그러던 중 일경의 밀정에 의해 체포됨으로써 계획은 좌절되고 말았다.

⑫ 나석주(羅錫疇, 1892~1926) 건국훈장 대통령장

1913년부터 4년간 만주에서 군사훈련을 받고 황해도로 돌아와 점포를 경영하면서 3.1독립운동 후 군자금 모금을 위해 활동했다. 친일파 부호를 사살한 후 상해로 망명하여 임정 김구 밑에서 경무국 활동을 하다가 한단군관학교를 졸업했다.

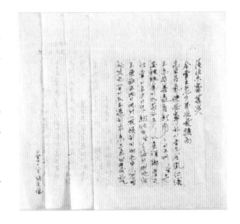

1926년 심산 김창숙이 모금해온 자금으로 동양척식주식회사와 식산은행에 폭탄을 투척했다.

북경에서 인편을 통해 상해에 있던 김구에게 보낸 편지가 남아 있다.

⑬ 남만춘(南萬春, 1888~1938) 건국훈장 애족장

1920년 1월 22일 결성된 러시아공산당 산하 이르쿠츠크위원회 한인부 회장으로, 한인무장부대인 고려특립중대를 조직해 항일운동을 전개했다.

1921년 5월 이르쿠츠크에서 고려공산당 창립대회를 발의하고 집행위원이 되어 그해 가을 북경으로 파견되어 활동했다.

1927년 8월 29일 국치일을 기해 서울에 파괴/암살단을 파견하려고 폭탄 등을 준비했다.

⑭ 류기문(柳基文, 1910~미상) 건국훈장 애족장

1930년 북경으로 망명하여 친형 류기석의 영향으로 무정부주의 운동에 참여했다.

1930년 4월 상해로 가 류자명, 류기석 등이 설립한 남화한인청년연맹 본연맹에 들어가 활동했다.

1931년 11월 상해 흑색공포단에 참여했다.

1932년 10월 류자명 등과 운동자금 모집 방법을 협의한 후 북경으로 가서 폭탄을 입수하는 등 제반 준비를 갖춰 천진으로 돌아왔다.

1932년 12월 16일 천진 프랑스 조계 부두에 정박 중인 일본 기선에 폭탄을 투척했다.

⑮ 박문서(朴文瑞, 1919~1993) 건국훈장 애국장

1942년 3월 일본으로 건너가 만몽학교(滿蒙學校)에 재학하던 중 중국국민당(中國國民黨) 중앙조직부의 곽지원(郭志遠)과 알게 되어 한·중 합동(韓中合同) 항일투쟁을 전개할 것을 결심하고, 1943년 5월 북경에 도착하여 중국인 고원(高遠) 중장(中將)과 만났다.

그래서 당시 일본 유학생이던 황재식(黃載軾)과 함께 국민당 중앙조직부 선무위원회(國民黨中央組織部宣撫委員會)의 북경 연락책으로 임명되어 화북지구(華北地區)의 일본군 동태와 정보수집, 선무활동 등 첩보활동을 전개했다.

1944년 1월 중국국민당에 입당하여 동당 선전위원회(宣傳委員會) 조선독립선봉대(朝鮮獨立先鋒隊)의 총대장에 임명되어 화북지구(華北地區)에 살고 있는 교포의 초모활동을 했다.

⑯ 박문호(朴文昊, 1907~1934) 건국훈장 애국장

1929년 3월 동래누룩조합 공금 1,500원을 가지고 북경으로 망명했다.

1929년 5월 상해로 가 외가 쪽 인척인 인성학교 교장 김두봉(金枓奉)을 만났고, 김두봉의 소개로 중국어 교사 정해리(鄭海理)에게 중국어를 배우는 한편 상해와 북경에서 활동하는 의열단장 김원봉과 단원 박건웅을 소개받았다. 1929년 7월 다시 북경으로 가 박건웅의 소개로 9월에 북평사립화북학원 사회학부에서 수학하는 한편, 11월에 김원봉과 박건웅의 권유로 조선공산당재건동맹에 가입했다.

그러던 중 1930년 2월 근우회 상무 집행위원이며 조사연구부장인 여동생 박차정이 가석방되어 유치장에서 있음을 알고 동생을 북경으로 망명시켰다. 당시 박문호는 조선공산당재건동맹 북평지부 선전부 책임자로 있었다. 조선공산당재건동맹의 부설 교육기관인 북경 레닌주의정치학교와도 관계를 맺고 있었다.

1931년 10월 북경 일본공사관에서 사회주의자 검거 선풍이 불자 잠시 천진(天津)으로 피신해 지하공작을 하다가 12월 14일 동포의 밀고로 영사관 경찰부에 체포되어 나가사키(長崎)로 압송되었다.

⑰ 박민항(朴敏杭, 미상~1932) 건국훈장 독립장

1928년 손기업(孫基業)·이상일(李尙逸) 등이 북경에서 중국 각처에 흩어져 있는 혁명동지들을 규합하여 한국혁명당총연맹(韓國革命黨總聯盟)을 조직했는데 여기에 가담했다.

이들은 1932년 만주사변을 계기로 일본제국주의의 침략을 방지하기 위해서는 세계대전이 일어나 일본을 패망시키는 것이 최선의 해결책이라고 생각하고, 그

방안으로 열강의 조계(租界)가 많이 모여 있는 천진(天津)에서 일본의 조계를 점령할 계획을 세웠다. 그리고 우선 만주전권대사(滿洲全權大使)를 주살하기로 결정했다.

이에 중국 구국군(救國軍)과 연락하여 장학량(張學良)의 협조로 일시에 한 개로 100여 명을 폭사시킬 수 있는 강력한 구갑형(龜甲形) 폭탄을 확보했다. 그리고 거사자금 7천 원을 만들어 동지 이창용(李昌用), 최윤식(崔潤植)과 함께 폭탄 4개와 권총 3정을 가지고 만주로 가서 만주전권대사의 뒤를 따라 장춘(長春)·봉천(奉天) 등지를 전전하며 그를 주살할 기회를 엿보고 있었다. 그러나 불행하게도 장춘 중앙여관에서 일경에게 탐지되어 체포되고 말았다. 이에 장학량은 이들을 탈환할 계획을 세우고 이를 추진했으나 일제의 관동군사령부에 탐지되어 성공하지 못했다.

심한 고문의 여독으로 동년 10월 여순감옥에서 순국했다.

⑱ 박진양(朴震陽, 1909~1940) 건국훈장 애국장

1919년 3.1독립운동이 일어나자 부친 박제선(朴齊璿)을 따라 길림(吉林)으로 건너갔다. 1923년에는 국민군 제2군 학생대에 통학하면서 군사훈련을 받았으며, 1934년 봄에는 중국군관학교 낙양분교(洛陽分校) 한국인 훈련반에 입교하여 안춘생, 지달수, 신화균 등과 특수교육을 받았다.

이후 조선 민족혁명당에 입당하고, 북경에서 징집활동을 하며 일본인 암살, 군사기밀탐지 임무를 띠고 활동 중 일경에 체포되어 신의주(新義州)로 압송되었다.

1936년 10월 12일 신의주지방법원에서 소위 치안유지법 위반으로 징역 2년형을 언도 받고 신의주형무소에서 옥고를 치렀다.

⑲ 박호암(朴虎岩, 1912~1984) 건국훈장 애족장

1929년 4월 숙부 박노영(朴魯泳)을 찾아 부산에서 평안환(平安丸)을 타고 상해로 건너갔으며, 이곳에서 강만(江灣)중학교에 입학하여 학업을 계속했다.

1934년 봄 중국군관학교 낙양(洛陽)분교에 입교하여 군사훈련을 받으면서 한국혁명군인회에 참가했다.

1935년 4월 군관학교를 졸업하고 남경(南京)에서 조직된 조선민족혁명당에 입당했으며, 특수공작 임무를 띠고 북경·천진 지구로 파견되었다. 북경에서 오광선(吳光鮮)과 함께 임무를 수행하다가 1936년 5월 박태양(朴泰陽)·윤여복(尹汝福)·홍종민(洪鍾民) 등 동지들과 함께 천진(天津) 일본영사관 경찰에 체포되었다.

본국으로 압송되어 1936년 12월 14일 신의주지방법원에서 소위 치안유지법 위반으로 징역 2년에 집행유예 4년을 받고 풀려났다.

⑳ 백정현(白正鉉, 1920~1944) 건국훈장 애국장

서안(西安)에 있는 한국청년전지공작대에 입대했으며, 1940년 한국청년전지공작대가 광복군 창설과 함께 제5지대로 편입됨에 따라 광복군 제5지대에 편입되었다.

그 후 광복군 제2지대로 편입되어 초모 공작활동과 적 정보수집, 적 시설파괴 등의 활동을 전개했다.

1942년 10월 제2지대 제3구대 대부(隊附)로서 개봉(開封)의 석가장(石家莊)에서 정보수집 활동 중 일 헌병에게 체포되어 북경감옥에서 옥고를 치르다가 탈옥을 기도했으나 실패하고 총살 순국했다.

㉑ 손기업(孫基業, 1903~1985) 건국훈장 독립장

1928년 북경에서 이상일(李尙逸)과 함께 주구숙청(走狗肅淸)과 일제 고관 암살을 목적으로 조선혁명당총동맹(朝鮮革命黨總同盟)을 조직했다. 북경책임자로 이상일이 선출되었고, 손기업은 천진책임자로 선출되었다. 그의 명령으로 1928년 8월경 천진에 있는 악질 주구 이태화(李泰華)를 동맹원 전창국(全昌國)이 천진 일본 조계 내에 잠입하여 총살 제거했다.

천진에서 일본 조계를 점령할 계획을 세워 만주전권대사를 총살코자 동맹원 이창용(李昌用), 박민항(朴敏杭), 최윤식(崔潤植)을 선출했으며, 이 계획을 총지휘하게 되었다.

결사대 3명은 폭탄 4개, 권총 3정 등을 휴대하고 만주에 가서 만주전권대사의 뒤를 따라 장춘(長春), 봉천(奉天) 등지를 전전하며 총살 제거할 기회를 예의주시하고 있었다.

그러나 불행히도 장춘 중앙여관에서 무기가 발각되어 일본헌병대에 이창용, 박민항이 체포 구속되었다. 악랄한 고문 끝에 지휘자인 손기업의 비밀장소가 발각되어 천진에서 체포됨으로써 그 자신도 장춘으로 압송당했다.

㉒ 손일민(孫逸民, 1884~1940) 건국훈장 애국장

국권이 침탈되자 1912년 만주로 망명하여 환인현(桓仁縣)에서 동창학원(東昌學院)을 설립하여 민족정신을 고취했다. 이 동창학원에 1914년 신채호가 교사로 근무했다.

만주에서 계속 독립운동을 하다가 1927년에는 일제의 추격을 피하여 하얼빈으로 갔다가 곧이어 북경으로 건너가 독립운동을 계속했다.

1934년에는 한국독립당 북경지부에서 조성환(曺成煥)의 지시 아래 활동하다가 이듬해 여름에는 남경으로 옮겨가 민족혁명당 결성에 참여했다.

231

1937년에는 대한민국임시정부(大韓民國臨時政府) 임시의정원의 상임위원으로 선출되어 중국 정부와의 유기적인 연락관계를 취하면서 조국 독립에 기여했다.

1940년 한국국민당 이사로 추대되었으며, 동 8월 의정원 의원으로 재직 중 병사했다.

㉓ 신성모(申性模, 1891~1960) 건국훈장 애족장

1909년 안희제(安熙濟), 남형우(南亨祐), 이원식(李元植), 김동삼(金東三), 이시열(李時說), 박중화(朴重華) 등 80여 명의 동지와 함께 국권회복을 목적으로 한 신민회(新民會) 계열의 비밀 청년단체인 대동청년당(大東靑年黨)을 창립하여 독립운동을 전개했다.

1910년 8월 일제가 한국을 병탄하자 1913년 중국으로 망명하여 남경항해대학(南京航海大學)을 거쳐 런던항해대학을 졸업하고, 영국에서 일등항해사 자격을 얻어 여러 해 동안 영국 선박의 선장으로 있었다.

3.1운동 후 1921년 북경에서 신채호(申采浩), 신숙(申肅), 박용만(朴容萬) 등이 군사통일주비회(軍事統一籌備會)를 조직할 때 참가하기도 했다.

㉔ 신현상(申鉉商, 1905~1950) 건국훈장 애국장

1929년 상해로 건너가 상해 노동대학을 수료하고, 독립운동자금을 조달하기 위해 국내로 돌아왔다. 고향인 예산에서 정미업을 하던 최석영(崔錫榮)과 협조하여 1930년 2월 호서은행(湖西銀行) 예산지점에서 위조 환증을 이용하여 5만 8천 원을 인출하는 데 성공한 뒤 중국으로 탈출했다.

그가 북경까지 무사히 도착했다는 소식을 접한 독립투사들은 벅찬 희망에 부풀었고, 상해에서 활약하던 김구(金九)는 정화암(鄭華岩)에게 북경으로 향하도록 했다. 그러나 불행히도 천진(天津) 일본영사관 경찰에 탐지되어 1930년 4월 30일 체포되고 말았다. 본국으로 압송되어 1930년 12월 2일 공주지방법원에서 징역 4년형을 언도 받고 옥고를 치렀다.

그러나 그가 전달한 자금 중 일부는 동지들의 무정부주의운동 자금으로 활용되어 류자명(柳子明)·장도선(張道善)·정해리(鄭海理) 등은 1930년 4월 20일 상해 법계(法界)에서 남화한인청년연맹(南華韓人靑年聯盟)의 결맹식을 거행하고 선언강령 규약을 발표하게 되었다.

㉕ 안창남(安昌男, 1901~1930) 건국훈장 애국장

1918년 오사카 자동차학교를 졸업하고, 오쿠리〔小栗〕 비행학교에서 조종술을 익혔다.

1921년 12월 일시 귀국하여 금강호를 타고 조선 상공을 비행하면서부터 자전차왕 엄복동과 함께 천재 비행사로 명성이 널리 알려지게 되었다.

1924년 말 단동의 이륭양행을 통해 중국으로 망명했다.

1925년 남방혁명군의 초빙으로 곽송령(郭松齡) 휘하의 육군 중장(中將)으로 임명되어 전투에 참전하여 전과를 세우는 등 중국혁명을 통한 민족해방을 도모했다.

1926년 북경 조선청년동맹에 가입하여 활동했다.

1926년에는 여운형(呂運亨)의 소개로 산서성(山西省)의 군벌 염석산(閻錫山) 군대에 참가하여 항공 중장과 산서비행학교(山西飛行學校) 교장으로 사망 시까지 비행사를 양성했다.

1928년 음력 9월 중국 산서성(山西省) 태원부(太原府)를 근거로 최양옥(崔養玉), 신덕영(申德永), 김정련(金正連) 등과 함께 대한독립공명단(大韓獨立共鳴團)을 조직했다.

㉖ 양명(梁明, 1902~미상) 건국훈장 애족장

1922~1923년 노하중학에 수학하고 졸업했다.

1923년 북경대학 문과에 입학했다.

1924년 북경에서 김성숙, 장지락과 함께 이르쿠츠크파 공산주의 조직인 '창일당' 조직 및 같은 해에 결성된 공산주의 단체 '혁명사'에 장건상, 김용찬, 김성숙과 함께 참여하고 잡지『혁명』발행에 참여했다.

1925년 8월 귀국 후 조선일보 기자 및 국내에서 조선공산당에 입당했다.

1929년 북경에서 조선공산당 ML파 기관지『계급투쟁』을 발행했다.

1931년 소련으로 망명했다.

㉗ 양순모(梁珣模, 1905~1945) 건국훈장 애족장

1930년 4월 서울 보성전문학교(普成專門學校) 재학 시 조선학생과학연구회(朝鮮學生科學研究會) 집행위원장으로 활동하다가 졸업과 함께 북경으로 가서 화북대학(華北大學)에 입학함과 동시에 북경반제동맹(北京反帝同盟)에 가입하여 활동하면서 의열단장(義烈團長) 김원봉(金元鳳)의 지도를 받았다.

1931년 9월 일제의 대륙침략을 목적으로 한 소위 만주사변(滿洲事變)이 일어나자 일제를 타도하기 위한 활동의 시급함을 자각했다. 1932년 2월 하순에 귀국하여 서울에 머무르면서 동지를 규합하여 기회를 엿보고 있던 중 4월 2일 경기도 경찰부 고등과에 발각되어 붙잡혔다.

그 후 다시 중국으로 망명하여 광복운동에 매진하던 중 1945년 8월 초 광복을 앞두고 은밀히 입국하여 강원도 춘천에서 조국 광복을 맞이하고 건국운동에도 참여했다.

㉘ 양일동(梁一東, 1912~1980) 건국훈장 애족장

1930년 3월 오재덕(吳在德), 이영욱(李永昱)과 함께 북경으로 건너가 백정기(白貞基), 정내동(丁來東) 등과 교류하며 무정부주의 사상에 공명하게 되었다.

그리하여 1931년 일본 동경으로 건너가 이후 일본에서 독립운동을 전개했다. 동년 4월 한하연(韓何然), 최낙종(崔洛鍾), 정찬진(丁贊鎭) 등의 동지와 함께 흑우연맹(黑友聯盟)이 주관하는 「흑색신문(黑色新聞)」의 편집위원으로 선임되어 무정부주의 사상과 항일의식을 고취하는 데 힘썼으며, 1932년 9월 동경의 무정부주의 단체인 조선동흥노동동맹(朝鮮東興勞動同盟)에 가입하여 주도적으로 활동했다.

1934년에는 상해의 무정부주의 단체인 남화한인청년연맹(南華韓人靑年聯盟)의 류자명(柳子明), 정화암(鄭華岩) 등에게 「흑색신문」, 『토민(土民)』, 『무궤도열차(無軌道列車)』 등의 출판물을 우송하며 연계투쟁 방안을 모색했고, 아리요시(有吉) 공사 처단 미수사건으로 백정기, 이강훈(李康勳), 원심창(元心昌) 등이 일본에 압송되자 이들의 구호활동에 힘썼다.

㉙ 연병호(延秉昊, 1894~1963) 건국훈장 독립장

1925년 3월 임시정부 의정원에서 대통령 이승만(李承晩)의 탄핵안이 가결되어 박은식(朴殷植)이 2대 대통령에 당선되자, 5월 31일 북경에서 이천민, 박숭병(朴崇秉)과 같이 이의 부당함을 성토하는 교정서(矯正書)를 발표하기도 했다.

1929년 말에는 안창호(安昌浩)·이동녕(李東寧)·김구(金九)·엄항섭(嚴恒燮)·이시영(李始榮) 등과 함께 중국국민당과 연계하여 조국광복운동의 통일을 기하기 위한 한국국민당(韓國國民黨)을 발기 조직했으며, 1934년 2월에는 윤기섭(尹琦燮)과 함께 재남경(在南京) 한국혁명당 대표로서 재만(在滿) 한국독립당 대표 홍진(洪震)·홍면희(洪冕熹)·김원식(金元植) 등과 회합하고 독립전선의 통일을 기하기 위해 양 단체를 통합하여 새로이 신한독립당(新韓獨立黨)을 조직했다.

1935년 1월 재남경 한국독립당 중앙집행위원회에서는 대일전선통일동맹의 대표자회의를 개최하기로 결정했는데, 집행위원이던 그는 정무(政務)위원회 주임으로 선출되어 의열단(義烈團)을 재통합하여 1935년 7월 한국민족혁명당(韓國民族革命黨)으로 발전시켜 조직했다.

㉚ 오광선(吳光鮮, 1896~1967) 건국훈장 독립장

지청천(池靑天)과 함께 만주로 망명하여 신흥무관학교를 졸업하고 서로군정서(西路軍政署) 제1대대 중대장으로 활약하는 한편, 신흥무관학교 교관을 역임했다.

1930년에는 한족회와 생육사(生育社)를 모체로 한 한국독립당이 결성되었으며, 일제의 만주 침략에 대비하여 한국독립군이 편성되자 의용군 중대장으로서 총사령장관 이청천(李靑天), 부사령장관 남대관(南大觀), 참모관 신숙(申肅) 등과 함께 무장 항일투쟁을 계속했다.

1933년 7월 초에는 수분하 대전자(綏芬河大甸子)에서 일군 대부대를 궤멸시키는 대승을 거두고 한·중 연합군의 실력을 과시했다.

1933년 김구(金九)가 남경(南京) 중앙군관학교에서 장개석과 면담하는 자리에서 낙양(洛陽)군관학교 내에 한국독립군을 위한 특별반을 설치하여 군 간부를 양성할 수 있도록 허락받게 되자, 총책임자 이청천을 비롯하여 교성대장(教成隊長) 이범석(李範奭), 교관으로는 그와 조경한(趙擎韓), 윤경천(尹敬天) 등이 초청되어 광복군 양성에 전력을 다하게 되었다.

1940년 1월 북경에서 일경에 체포되어 신의주형무소에서 옥고를 치르고 재차 만주로 가서 독립운동을 계속했다고 한다.

㉛ 원세훈(元世勳, 1887~1959) 건국훈장 독립장

1921년 국민대표회에 기성회(期成會)가 설치되자 실행위원 중 한 사람으로 선출되어 준비위원회위원 · 의정기초위원 · 생계위원으로 선임되었으며, 창조파(創造派)에서 조직한 조선공화국(朝鮮共和國)의 교통총장에 내정되기도 했다.

1926년 11월에는 북경에 본부를 둔 '선두자사(先頭者社: 앞잡이사라고도 함)' 명의로 상해에서 일어난 일영배척운동(日英排斥運動)에 즈음하여 한중연합으로 일본을 총공격하고 중국민의 구국 · 구족운동을 정신적 · 물질적으로 응원하자는 연서로된 격문을 발표했다.

1925년 10월 독립운동선상의 파벌 간에 일어나는 갈등극복과 전선통일로서의 대동단결을 이룩하기 위한 목적으로 안창호(安昌浩)가 유일독립당(唯一獨立黨) 결성을 주장한 데 반하여 먼저 독립단(獨立團)을 각지에 조직한 다음 이를 통합하여 대독립당(大獨立黨)으로 결성하자고 주창하여 장건상, 조성환, 배천택 등과 함께 한국독립유일당(韓國獨立唯一黨) 북경촉성회(北京促成會)를 조직하고 집행위원으로 활동했다.

1927년 북경에서 '도보사(導報社)'와 '혁명지도사(革命之道社)'를 설립하여 계속 발행하면서 이를 각처에 우송하여 독립사상을 고취시키고 선전했다.

1927년 일제에 붙잡힌 신채호(申采浩) 등을 구출하기 위해 활동하던 중 중국 경찰에 붙잡혀 일경에게 넘겨져서 1928년 8월 1일 신의주지방법원(新義州地方法院)에서 소위 치안유지법 위반으로 징역 2년형을 언도 받아 옥고를 치렀다.

㉜ 원심창(元心昌, 1906~1971) 건국훈장 독립장

1919년 3.1독립운동에 참가한 후 1920년 동경에서 동지 박열(朴烈) 등과 함께 흑우회(黑友會)에 가입하여 1924년 8월 무정부주의(無政府主義) 최초의 노동조합인 동흥노동조합(東興勞動組合)에 가입하여 항일운동을 전개했다.

1925년 9월 북경과 상해 등지에서 무정부주의 운동에 진력했으며, 1926년 5월 기관지 『흑우(黑友)』를 발행하기도 했다. 1927년 2월에는 흑풍회(黑風會), 1928년에는 흑우연맹(黑友聯盟)을 조직했다. 1931년 6월 흑색공포단(黑色恐怖團)이 조직되자 이에 가입했다.

1932년 11월 천진 일본영사관 일군 병사(日軍兵舍)를 폭파하는 데 모의했으며, 1933년 3월 1일 항일선전문을 등사하여 상해의 동포에게 배포하여 항일정신을 고취했다. 동년 3월 흑색공포단 동지들과 회합하여 아리요시 아키라(有吉明) 주중(駐中) 일본공사가 장개석(蔣介石) 총통의 만주 포기 및 열하지방(熱河地方)의 대일부저항(對日不抵抗)을 책동하는 음모를 폭로 · 저지하는 대책을 모의하고 이강훈(李康勳) · 백정기(白貞基) 등과 아리요시 아키라를 처단할 목적으로 대기하던 중 현장에서 3명 모두 붙잡혔다.

㉝ 유광훈(劉光勳, 1899~미상) 건국훈장 애족장

1921년 왕청현 춘화향 봉의동(汪淸縣春華鄕鳳儀洞)에서 군무도독부(軍務都督府)를 조직하여 도독이 되었으며, 대원 100여 명을 무장시켜 항일투쟁에 참가했다.

1923년에는 북경에서 이화정(李華亭), 김정묵(金正默) 등과 안정문(安定門) 내의 약시호동(鑰匙胡同)에 대한독립의용단(大韓獨立義勇團)을 조직했으며, 단장 이화정, 부단장 김정묵 등과 상의하고 군자금을 모집하기 위해 국내로 파견되었다.

1923년 9월 경북 성주 · 선산 등지에서 군자금을 모집하여 북경으로 귀환했다가 1924년 1월 하순에 재차 입국했다. 계속해서 성주 · 서산 및 상주 등지에서 군자금을 모집하다가 일경에 체포되었다.

㉞ 유림(柳林, 1898~1961) 건국훈장 독립장

1921년 북경에서 신채호와 잡지 『천고』 발행 및 신한청년당 활동에 참여했다.

1922년 상해 대한적십자회에서 부회장을 역임했다.

1928년 만주 정의부에 참여했다.

1940년 북경, 천진에서 한중항일연합군을 조직하려고 노력한 이후 중경임시정부에 참여했다.

㉟ 유석현(劉錫鉉, 1900~미상) 건국훈장 독립장

1919년 3.1독립운동에 참가해 활약하던 중 일경의 추적을 받아 그해 11월 만주로 건너갔다. 1920년 7월 중국 천진(天津)에서 의열단(義烈團)에 입단하여 1922년 2월 군자금 조달을 목적으로 입국했다.

1922년 12월 김지섭(金祉燮) 등과 함께 무교동 백윤화(白允和) 판사를 협박하여 군자금을 모금하려다가 실패하고 다시 중국으로 건너가 의열단으로부터 1923년 5월을 기하여 전국 각지에서 대폭동을 일으키고 요인을 암살하라는 지령을 전달받았다. 김시현(金始顯), 황옥(黃玉), 김지섭(金祉燮) 등 동지를 규합하여 무기반입을 모의한 뒤 북경에서 폭탄 36개, 권총 5정, 독립선언문 3천 매 등을 소지하고 입국하여 거사를 계획하던 중 밀고자에 의해 1923년 3월 15일 피체되었다.

㊱ 윤세주(尹世胄, 호 석정石正, 1901~1942) 건국훈장 독립장

1932년 7월 17일 이육사, 안병철과 함께 기차 편으로 봉천(심양)에서 천진으로 이동했다. 이 무렵 윤세주가 김원봉과 연락을 취하기 위해 북경에 다녀온 일을 말하며 이육사에게 조선혁명정치군사간부학교 입학을 권했다. 이것이 윤세주의 유일한 북경 기록이다.

㉛ 이강(李剛, 1878~1964) 건국훈장 독립장

1902년 미주개발회사(美洲開發會社)에서 모집하는 이민에 들어서 하와이로 건너가 1년간 영어학교에서 영어를 배우고 이듬해 샌프란시스코로 건너가 안창호를 알게 된다.

1909년 10월 이토 히로부미(伊藤博文) 처단계획이 대동공보사에서 수립될 때 이에 참석했으며, 안중근(安重根)이 이토 히로부미 포살의 특공대로 하얼빈에 갔을 때 안중근과 대동공보사 사이의 연락을 담당했다.

안중근의 의거가 성공한 후에는 안중근 의사를 변호하는 영국인 변호사를 구하기 위해 북경에 파견되어 활동했다.

1919년 말에 국내에서 상해로 탈출하여 안창호를 만나 임시정부에 참여하여 의정원(議政院) 부의장과 의장을 역임했으며, 흥사단(興士團) 운동에 진력하여 흥사단 원동지방위원회(遠東地方委員會)를 설치했다.

㉛ 이관구(李觀求, 1885~1953) 건국훈장 애국장

1910년 경술국치를 당하자 중국으로 망명하여 북경의 회문대학(匯文大學)과 명륜대학(明倫大學)에서 수학했고, 절강성(浙江省) 항주부(杭州府) 군관학교 속성과(軍官學校速成科)를 수료한 후 1913년 국민당(國民黨)의 제2차 혁명[辛亥革命]에 참가했다.

그 뒤 중국을 떠나 유럽과 하와이를 여행하고, 1914년 귀국하여 해주(海州)에서 유림계(儒林界)의 이종문(李種文)·오순원(吳淳元) 등과 밀의하여 항일격문을 작성·배포했다.

그리고 다시 중국으로 건너가 신규식(申圭植)이 주도한 동제사(同濟社)에 가입했으며, 1916년에는 고향의 가재(家財)를 매각하여 만주 안동(安東)에 삼달양행(三達洋行), 장춘(長春)에 상원양행(尙元洋行)을 설립하면서 박상진(朴尙鎭)이 주도한 대한광복회(大韓光復會)에 가입하여 대외업무를 맡았다.

신흥학교(新興學校)의 이시영(李始榮)에게 자금을 조달하는 한편 박상진과 함께 무기 확보에 힘을 쏟았으며, 총독암살을 계획하고 회원 성낙규(成樂奎), 조선환(曺善煥)을 서울에 잠입시켰다.

1917년에는 귀국하여 대한광복회의 황해도 책임자로 활동하면서 유림 출신 인사들을 동회에 가입시키며 조직 확대에 노력을 기울였다.

그러던 중 1918년 초 동회의 조직이 발각됨으로써 옥고를 치렀다.

㉟ 이교담(李交倓, 1880~1936) 건국훈장 애국장

1903년 8월 7일 하와이 호놀룰루에서 안정수(安定洙) 등과 함께 신민회(新民會)를 조직했다.

그리고 1905년 11월 22일 샌프란시스코에서 한인(韓人) 공립협회(共立協會) 결성에 주도적으로 참가하여 공립협회의 기관지로 창간된 「공립신보(共立新報)」의 인쇄인으로 활동했다.

그러한 가운데 1907년 7월 헤이그밀사사건 이후 공립협회의 조직 강화를 위해 1908년 1월 7일 국내로 파견되었다. 귀국 후 대한매일신보사(大韓每日新報社)에 입사하여 신민회 회원으로 활동했다. 그때 공립협회에서 파견된 이재명(李在明) 등이 중심이 된 권장회(勸獎會)가 이완용(李完用) 등 매국노 처단을 준비하자 이에 동참했다.

그리하여 1909년 12월 29일 이재명 등이 벨기에 황제의 추도식에 참석하고 명동성당에서 나오는 이완용을 처단하려는 의거가 일어날 수 있었다. 이교담은 이 일로 붙잡혔으나 불기소(不起訴)로 석방되었고, 이후 해외로 망명하여 북경, 상해,

운남(雲南) 등지는 물론 남양군도(南洋群島) 등을 10여 년 동안 표랑하다가 1919년 귀국했지만 가난과 병고에 시달렸다.

㊵ 이교덕(李敎悳, 1895~1955) 대통령표창

1915년 8월경 박제선(朴齊璿), 권영목(權寧睦), 유명수(柳明秀), 정응봉(鄭應鳳)과 함께 경북 영주군 영주시장에 설립된 대동상점(大同商店) 경영에 참여하면서 만주지역 독립운동기지 건설을 위한 독립운동자금을 모집했다.

1924년 1월 18일 북경 동서공우(东西公寓)에서 국민대표회의에 군정서 대표로 참가한 이중호(李重浩), 정인교(鄭仁敎) 외 2명과 함께 머물던 중 중국 관헌에 의해 '국민대표회의 선포문'과 동지들 간의 왕복 문서 등을 압수당하는 한편 체포되어 취조받고 이튿날 석방되었다.

1930년 4월 28일 상해에서 프랑스 경찰에 체포되어 5월 21일 서울로 압송되었다.

㊶ 이구연(李龜淵, 가명 이해명李海鳴, 1896~1950) 건국훈장 독립장

1928년 10월 17일 의열단원이던 이구연은 북경 숭문문대가 상이조호동(上二条胡同) 27번지 앞에서 밀정 혐의를 받던 박용만(朴容萬)을 살해했다. 이 살해사건으로 중국 법정에서 징역 4년의 판결을 받았다. 그 후 남경(南京)으로 가서 한국혁명당(韓國革命黨) 및 민족혁명당(民族革命黨)에 가입하여 활동하는 한편, 1938년 10월에는 조선의용대(朝鮮義勇隊) 창설에 참여하여 의용대 본부 총무조에 이집중(李集中, 본명 이종희李鍾熙, 1890~1946, 건국훈장 독립장), 우자강(于自强, 본명 이진영李進榮, 1907~1951, 건국훈장 독립장)과 함께 편성되었다.

그 후 조선의용대 본부 총무조의 서무주임으로 계속 근무했으며, 1941년 10월에는 임시의정원 강원도 의원 선거회장이 되었고, 다음 해 10월에는 임시의정원 강원도 의원에 선출되어 임정에 참여했다.

1943년 4월 15일 임시정부 선전부 발행과(發行科)에서 일했다.

1945년에는 한국광복군에 입대하여 총사령부 군법처 군법관 부령(軍法處 軍法官 副領)에 임관되어 복무했다.

㊷ 이규창(李圭昌, 1913~2005) 건국훈장 독립장

우당 이회영의 4남이다.

경술국치 이후 독립운동 기지를 건설하기 위해 부친 이회영(李會榮), 숙부 이시영(李始榮) 등이 만주로 망명하게 됨에 따라 통화현(通化縣)에서 출생했다.

그 후 가족을 따라 북경으로 이주하여 살다가 1929년 부친 이회영을 따라 상해로 갔다.

상해에서 화랑청년단(花郞靑年團)과 남화한인청년연맹(南華韓人靑年聯盟)에 가입하여 백정기(白貞基), 정화암(鄭華岩), 오면직(吳冕稙), 엄순봉(嚴舜奉), 원심창(元心昌), 이강훈(李康勳) 등과 같이 활약했다.

1933년 3월에는 남화한인연맹의 행동단체인 흑색공포단(黑色恐怖團)을 조직하고, 상해에서 당시 일본의 주중공사(駐中公使) 아리요시 아키라(有吉明)를 폭살하려던 계획에 관련되었으며, 군자금 모집 활동에도 앞장섰다.

1935년 3월에는 정화암(鄭華岩)과 협의하여 엄형순(嚴亨淳; 舜奉)과 함께 상해 조선인거류민회(居留民會) 부회장과 고문을 역임한 바 있는 친일파 이용로(李容魯)를 사살하는 데 성공하고 도피하다가 피체되어 징역 13년형을 언도 받고 옥고를 치렀다.

㊸ 이규학(李圭鶴, 1896~1973) 건국훈장 애족장

우당 이회영의 차남이다.

1910년 일제에 국권이 침탈되자 부친 이회영(李會榮)을 따라 일가친척 60여 명과 함께 만주 유하현 삼원보(柳河縣 三源堡)로 이주했다. 부친 이회영과 숙부 이시영(李始榮) 등이 신흥학교(新興學校)를 설립하자 이 학교를 제3기생으로 졸업한 후 독립군 양성에 헌신했다.

1917년에는 군자금 모집활동을 하다가 일경에 체포되어 고문으로 청각(聽覺)이 손실되기도 했으며, 1919년 3.1독립운동이 일어난 뒤에는 부친을 따라 일가족이 다시 북경으로 이주했다.

1925년에는 다시 상해로 옮겨 임시정부 일을 도왔으며, 1932년 윤봉길 의거 뒤에는 임정 요인들의 신변 안전을 도와 항주(杭州) 등지로 피신시키는 데 협력했다. 같은 해에 부친 이회영은 만주에 독립운동 근거지 마련 및 주만(駐滿) 일군 사령관을 암살할 계획으로 대련(大連)으로 가던 중 일경에 체포되어 옥사 순국했다.

이후 임시정부의 연락업무 등을 위해 중경(重慶), 상해(上海) 등지를 오가며 독립운동을 계속했다.

㊹ 이민호(李敏浩, 1895~1944) 건국훈장 애족장

경성의전(京城醫專)을 졸업하고 1919년 3.1독립운동 당시 황해도 일부 및 전라도, 충청도를 돌아다니며 청년들을 모아 독립만세운동 계획을 추진 · 지휘하고 본부로 돌아오던 중 일본 경찰에 피체되어 평양(平壤)형무소에서 옥고를 치르고 출옥했다.

출옥 후 일제의 요시찰 인물로 지목되어 1922년 가족을 동반하고 노령(露領)으로 망명하여 구국운동을 전개했으며, 다시 만주(滿洲)로 들어가 신민부(新民府) 부원으로 활동하던 중 아버지 이규풍(李奎豊)이 사망하자 북경으로 가서 지하공작을 계속했다.

그러던 중 장처명(張處明) 등과 함께 피체되어 일제의 악독한 고문으로 인해 사경에 이르게 되자 가석방되어 병원에 입원했으나, 1944년 5월 29일 끝내 별세하고 말았다.

㊺ 이병희(李丙禧, 1918~2012) 건국훈장 애족장 女

동덕여자보통학교(同德女子普通學校)를 졸업하고 1933년 5월 경성 신설동(新設洞) 종연방적주식회사의 여공으로 근무하며 항일활동에 나섰다.

1936년 같은 직장에 근무하는 김희성(金熙星), 박인선(朴仁善) 등과 여성 동지들을 규합하여 노동운동을 전개하던 중 일경에 붙잡혔다.

1939년 4월 출옥하자, 1940년 북경으로 망명하여 의열단에 가입하고, 동지 박시목(朴時穆), 박봉필(朴鳳弼) 등에게 문서를 전달하는 연락책을 맡았다.

그러다가 1943년 국내에서 북경으로 망명 온 이육사(李陸史)와 독립운동을 협의하던 중, 이해 9월 일경에 붙잡혀 북경 일본 헌병대 감옥에 구금되었다. 그리고 잠시 국내로 잠입했던 이육사도 붙잡혀 이 감옥에 함께 구금되고 말았다.

1944년 1월 11일 석방되었으나, 이육사는 5일 뒤인 1월 16일 옥중에서 순국하고 말았다. 그러자 이육사의 동생 이원창과 함께 이육사의 시신을 화장하고 유품을 정리하여 국내의 유족에게 전달했다. 이때 유고 시 「광야(廣野)」와 「청포도」가 그의 유품에서 발견되었다.

㊻ 이상도(李相度, 1897~1944) 건국훈장 애족장

1921년 중국으로 건너가 북경평민대학(北京平民大學)에 유학하면서 의열단(義烈團)에 가입하여 활동했다.

그 후 북경에서 청년회(靑年會) 활동을 했으며, 1927년 12월 4일 상해청년회(上海靑年會) 주최의 임시총회에 북경지역 청년회의 대표로 참여하여 중국 동삼성 일대의 청년단체와 연계하여 중국 내 청년운동의 통일적 지도기관을 목표로 중국본부한인청년동맹(中國本部韓人靑年同盟)을 결성하고 중국집행위원에 선임되어 청년단체의 결집에 힘썼다.

1928년 8월 23일 중국 상해에서 변동화(邊東華), 황의춘(黃義春) 등과 함께 일경에 붙잡혔다.

㊼ 이상만(李象萬, 호 혜춘惠春, 1884~1955) 건국훈장 독립장

1914년 감리교 협성(協成)신학교를 졸업하고 다음 해 감리교 목사가 되었다.

1919년 3월 한국독립운동본부(韓國獨立運動本部)의 지령으로 북경에 파견되어 박정래(朴正來), 조두진(趙斗珍), 유장연(劉璋淵), 전재홍(田在弘), 유중한(柳重韓), 연병주(延秉柱), 최훈식(崔勳植) 등과 더불어 신대한동맹회(新大韓同盟會)를 조직하고 동회장에 박정래를 추대했으며, 동회 총무를 맡아 활동했다.

이후 임시정부의 일원으로 여러 방면으로 활동을 계속했으며, 1939년에는 임시의정원 의원으로 선임되어 의정활동에 참여했다.

㊽ 이상일(李尙逸, 미상~1944) 건국훈장 애족장

1919년 3.1독립운동에 가담하여 시위에 참가하고 상해로 망명했다.

1927년 북경에서 주구숙청(走狗肅淸)과 침략원흉의 암살을 목적으로 손기업(孫基業), 박민항(朴敏杭), 이창용(李昌用) 등과 함께 조선혁명당총연맹(朝鮮革命黨總聯盟)을 조직하고 위원장에 취임했다.

조선혁명당총연맹은 1928년 김창국(金昌國)을 파견하여 일제의 밀정 이태화

(李泰華)를 사살했고, 1930년에는 장기준(莊麒俊)·오면직(吳冕稙) 등이 천진 일본은행을 기습하여 거금을 독립운동자금으로 활용했다고 한다.

㊾ 이세영(李世永, 1870~1941) 건국훈장 독립장

1913년 신흥강습소의 소장이 되어 독립군을 양성했다.

1922년 8월 서간도에서 민정(民政)과 군정(軍政)을 병행한 통의부(統義府)가 확대 개편되었을 때 군사위원과 참모부장으로 계속 무장항일투쟁에 전념했다. 그러나 청년계층과 유림계층의 알력으로 독립운동선상에 분규가 일어나자 북경으로 가버렸다.

1924년 일제의 추격을 피하여 다시 북경으로 건너갔다.

1925년 5월 31일 임시정부에 내분이 일어나자 북경에서 이를 규탄하는 교정서(矯正書)를 작성하여 연병호(延秉昊), 박숭병(朴崇秉) 등과 같이 서명 배포했다.

1930년 2월에는 북경에서 조성환(曺成煥), 손일민(孫逸民, 1884~1940, 건국훈장 애국장) 등과 한족동맹회(韓族同盟會)를 조직했으며, 같은 해 7월에는 강구우(姜九禹) 등과 조선혁명당 제1지부를 조직하여 항일투쟁을 계속했다.

이후 중경(重慶)으로 옮겨 신사회(新社會) 부위원장 등으로 항일투쟁을 하다가 1938년 2월 사천성 성도(四川省 成都)에서 영면했다.

㊿ 이영준(李英駿, 1900~미상) 건국훈장 독립장

1919년 3.1독립운동 후 망명하여 상해에서 의열단에 가입했다.

1926년 광주(广州) 중산대학에 입학했다.

1926년 4월 김원봉, 김성숙, 장지락 등과 함께 유오한국혁명동지회를 결성했다.

1927년 광주꼬뮨 참여 후 1928년 계림국민중학교 교원으로 일했다.

1929년 12월 북경에서 안광천 등과 합세하여 협동전선운동을 펼쳤다.

1932년 조선혁명정치군사간부학교 설립 및 군사정치조 교관으로 물리, 화학, 경제학을 강의했다.

1935년 7월 민족혁명당 창당 시 김원봉, 윤세주와 함께 의열단 대표로 참가했으며, 창립 후 중앙집행위원으로 일했다.

1937년 7월 조선민족혁명당 중앙위원 겸 선전부장으로 활동했다.

1938년 10월 조선의용대 창립 후 편집위원으로 일했다.

1940년대에 중경에서 병사했다.

(51) 이옥(李鈺, 1895~1928) 건국훈장 애국장 男

1919년 7월 상해로 가서 임시정부에 참여하여 11월 조사원으로 활동했다.

1920년 철혈단원으로 동지 규합을 위해 북경, 봉천 방면에서 활동했다.

1921년 동경 조선유학생학우회 총무로 활동했다.

1922년 동경 조선노동동맹의 간부로 활동했다.

1927년 2월부터 1928년 12월까지 국내에서 신간회에 참여했다.

(52) 이용준(李容俊, 1907~1946) 건국훈장 애국장

국내에서 신간회에서 활동한 후 1930년 동아일보 봉천지국에서 근무했다.

1931년 북경으로 가서 원심창(元心昌, 1906~1971, 건국훈장 독립장)의 권유로 무정부주의운동을 전개했다.

1931년 5월 상해 남화한인연맹에 가입했으며, 백정기의 권유로 흑색공포단에 입단했다.

1932년 12월 류기석의 작전으로 천진 일본총영사관에 폭탄을 던졌으나 큰 피해는 입히지 못하고 일부만 파괴하는 데 성공했다.

1933년 상해 일본공사 암살계획을 수립했다.

1935년 3월 정현섭(정화암)과 함께 엄형순, 이규창에게 지시하여 상해 거류민회 부회장 친일파 이용로를 총살 처형했다.

1937년 중경 조선민족혁명당에 가입했다.

1938년 12월 18일 상해 일본공사 암살계획 혐의로 북경에서 피체되어 5년형을 선고 받았다.

(53) 이우민(李愚珉, 1891~1943) 건국훈장 애족장

1920년 5월 상해임정 선전부원으로 활동했다.

1921년 장사(长沙)에서 중한호조사를 조직하여 경제부 주임을 역임했다.

1923년 9월 북경에서 조중구, 장승조 등과 '육영학교' 설립을 추진했다.

1923년 9월 북경에서 다물단장 황익수를 만나 다물단에 가입했다.

1924년 7월 다물단 동지 김대지와 함께 의열단 가입 및 통신부 연락원으로 활동했다.

1926년 4월 천진에서 동지 유세관 등과 '한교단'을 조직했다.

1926년 5월 나석주 의사가 국내에 잠입할 때 동지 박세훈 등과 거사 자금 및 권총과 폭탄 등을 지원했다.

1930년 7월 천진 일대에서 의열단 의거를 지원하며 활동하던 중 일경에 피체되어 징역 6월의 옥고를 치렀다.

(54) 이원열(李元烈, 1896~1927) 건국훈장 애족장

3.1독립운동 이후 국외활동을 위해 고향인 경남 하동을 떠나 1919년 5월 동지 1명과 400원을 가지고 봉천, 북경을 거쳐 상해에 도착하여 독립신문 기자로 활동했다.

1921년 초 북경에서 4~5개월간 독립운동을 전개하다가 귀국길에 단동에서 피체되어 출옥 후 노농운동에 투신했다.

1925년 11월 조선노농총동맹 중앙집행위원에 피선되었다.

(55) 이재근(李載根, 1893~1956) 건국훈장 애국장

유하현 삼원보 마을공회와 부속 소학교를 설립하여 청소년 교육에 힘썼다.

1921년 운남 강무당 군관학교에서 수학했다.

1922년 삼원보 통의부 사령부 배속장교로 복무했다.

1925년 정의부로 통합한 후 연락장교로 복무했다.

1926년 삼원보 동명중학교 교관으로 일했다.

1927년 학생 교재용 『군사학』을 편찬했다.

1927년 북경 김양택(金良澤)의 회사에서 근무했다.

(56) 이정기(李定基, 1898~1951) 건국훈장 애족장

1919년 경북 성주의 유림으로 독립운동에 참여했다.

1925년 1월 북경에서 군자금을 모집하기 위해 출판사 설립 및 민족의식을 고취하는 데 노력했다. 북경에서 김창숙과 남형우 등을 만나 무기제조법을 배웠다.

1925년 9월 대구로 돌아와 장진홍, 이육사와 '암살단'이라는 비밀결사를 조직했다.

1928년 1월 6일 대구은행 폭탄의거에 연루되어 2년여의 옥고를 치렀다.

(57) 이정호(李貞浩, 1913~1990) 건국훈장 애국장

1935년 남경에서 민족혁명당에 가입했다.

1941년 5월 조선의용대 1지대에 입대했다.

1942년 5월 조선의용대가 광복군에 편입되자 김원봉 휘하 1지대 상위(上尉)로 근무했다.

1944년 6월 중경임정 정보과장으로 근무했다.

1945년 6월 광복군 3지대 북경지구 특파공작원으로 일군의 조선 병사 탈출 공작 등을 수행했다.

(58) 이종건(李鍾乾, 1905~1960) 건국훈장 독립장

1931년 북경 한족동맹회(韓族同盟會)에 가입하여 일경의 밀정 신×를 주살하고 상해로 피신했다.

1933년 박찬익 등과 한국독립당 남경지부 간부로 활동했다.

1935년 4월 중앙군관학교 낙양분교 졸업 및 민족혁명당 창단에 참여했다.

1942년 광복군 제1지대에 근무했다.

1944년 3월 민족혁명당 감찰위원에 선임되었다.

(59) 이창용(李昌用, 1910~1954) 건국훈장 독립장

1928년 북경에서 이상일(李尙逸, 미상~1944, 건국훈장 애족장), 손기업(孫基業) 등이 일본 고관을 암살할 목적으로 조직한 조선혁명당총연맹(朝鮮革命黨總聯盟)에 가입했다.

1932년 천진에서 박민항(朴敏抗), 손기업(孫基業) 등과 일본 조계를 기습공격할 계획을 세웠다. 이 계획의 일환으로 만주전권대사를 암살하기 위해 폭탄 4개와 권총 4정을 휴대하고 장춘, 봉천 등지로 쫓으며 기회를 보다가 피체되었다.

(60) 이필현(李弼鉉, 1902~1930) 건국훈장 애국장

1922년 일본에서 박열(朴烈), 김중한(金重漢), 홍진유(洪鎭裕), 정태성(鄭泰成) 등과 무정부주의를 표방하는 흑우회(黑友會)를 결성하고 간부로 활동했다.

1926년 12월 28일 의열단원 나석주(羅錫疇)가 서울 조선식산은행(朝鮮殖産銀行)과 동양척식회사(東洋拓殖會社)에 폭탄을 투척하는 의거가 발생하자 일본 경찰로부터 관계자로 지목되었다.

1928년 4월 아나키스트연맹의 운동자금 10만 원을 마련하기 위해 신채호와 북경우편국 사무원 임병문 등과 공모한 국제위폐사건으로 대련경찰서에 피체되었다.

1930년 4월 10일 선고공판에서 사형 판결을 받았다.

(61) 이현준(李賢俊, 1902~미상) 건국훈장 애국장

1922년 북경 노하중학 4학년 재학 중 장건상으로부터 의열단원들과의 연락 임무를 부여받고 국내로 파견되었다. 귀국 후 서울에서 의열단원 김시현, 황옥에게 국내 폭탄반입 계획을 알렸다.

1922년 12월 초 북경을 거쳐 상해로 가 김원봉을 만난 후 의열단에 가입했다.

1923년 1월 황옥 일행이 천진에 도착하자 통역을 맡았고, 3월에는 단동까지 폭탄을 운반했다.

(62) 이화익(李化翼, 1900~1978) 건국훈장 독립장

1920년 12월경 황해도 장연에서 '독립단'을 조직하여 군자금 모금 활동을 했다.

1921년 연대(煙臺)로 망명하여 북경에서 활동했으며, 나석주와 친분을 쌓았다.

1924년 3월 상해에서 의열단에 가입했다.

1926년 나석주 의거 후 천진과 북경에서 활동하다가 1926년 12월 28일 북경에서 일제에 피체되었다. 피체된 후 나석주 의거가 상세히 알려졌다.

(63) 임기반(林基盤, 1867~1932) 건국훈장 애국장

1896년 독립협회에 참가하여 간부로 활약했다.

1903년 하와이 신민회에 참여했다.

1907년 대구 국채보상운동에 적극적으로 참여했다.

1919년 6월 단동에서 이기호, 김사익 등과 독립자금을 위해 위조지폐를 제작했다.

1919년 북경 조선독립청년단을 조직했다.

(64) 임기송(林基松, 1895~1978) 건국훈장 애족장

1922년 대한통의부 화전자 지방 대표로 근무했다.

1925년 영안현 신민부 별동대에서 활약했다.

1925년 8월 영고탑 유운초의 집에서 별동대 회의 중 중국 관헌에 피체되었다.

1927년 신민부 별동대로 친일파를 숙청했다.

1927년 이천민의 권유로 군사 지식을 습득하기 위해 북경으로 이동했다.

(65) 임봉순(林鳳淳, 1916~1950) 건국훈장 애족장 男

1934년 9월 중국으로 망명하여 천진과 북경을 거쳐 남경으로 이동했다.

1935년 3월 남경에서 의열단원 오균을 만난 후 의열단에 가입했다.

1935년 4월 1일 남경 조선혁명정치군사간부학교 3기로 입교하여 10월에 수료했다.

1936년 귀국 후 민족혁명당원 모집 중 일경에 피체되었다.

(66) 임평(林平, 1911~1942) 건국훈장 애국장

1935년 남경에서 민족혁명당에 가입했으며, 공산주의자전위동맹 집행위원으로 활동했다.

1937년 12월 중앙육군군관학교 성자분교에 입학하여 1938년 5월 졸업했다.

1938년 10월 조선의용대 창립 멤버로 활동했다.

1941년 조선의용대 정치공작원으로 김무(金武, 1912~미상, 1930년 9월 북경 레닌주의정치학교 1기 졸업생), 고생원 등과 북경에 잠입하여 한인주점을 경영하면서 대원을 모집했다.

(67) 장덕준(張德俊, 1892~1920) 건국훈장 독립장

1920년 4월 김성수, 이상협 등과 동아일보를 창간했다.

1920년 동아일보 특파원으로 북경에 건너가 미국 하원의원단의 중국 방문 취재 및 그들에게 한국의 독립 요구를 알리는 데 힘썼다.

1920년 10월 15일 동아일보사의 조사부장으로서 간도참변의 학살 진상을 취재하기 위해 서울을 출발하여 11월 6일 간도에 도착했으며, 취재 중 일본군에 의해 살해되었다.

(68) 장홍염(張洪琰, 1910~1990) 건국훈장 애족장

1929년 11월 광주학생운동 시위운동에 참여하여 각 학교 대표들과 1930년 1월 15일 09시를 기해 궐기할 것을 결의하고 항쟁하다가 퇴학당했다.

1930년 3월 중국으로 망명했다.

1932년 9월 북경에서 군자금 조달 시 피체되었다.

(69) 정국일(鄭國一, 1909~1967) 건국훈장 애족장

1928년 8월 박봉수, 정상윤 등 8명의 동지와 신간회 평북 철산지회를 조직했다. 결성 대회장에서 피체되어 2년 반의 옥고를 치렀다.

1932년 북경으로 망명하여 독립운동 단체에 가입하여 활동하다가 1944년 피체되어 신의주형무소에서 1년간 복역했다.

(70) 정균호(鄭均鎬, 1896~1985) 건국훈장 애국장

1919년 3월 17일 담양시장 만세시위 주도 후 1년간 옥고를 치렀다.

1920년 북경 망명 후 박용만 등과 함께 국내의 각 경찰서와 도청 파괴, 그리고 요인 암살을 목적으로 의창단(义昌团)을 조직했다.

1922년 6월 권총 및 무기를 휴대하고 국내에 잠입했다가 거사 전 광주(光州)에서 피체되어 3년간 옥고를 치렀다.

(71) 정수기(鄭守基, 1896~1936) 건국훈장 애국장

3.1독립운동 시 김창숙과 연계하여 참가했다.

1922년 8월 북경으로 가 한동안 심산 김창숙과 함께 지내며 만주와 내몽골의 황무지를 개간하기로 하고 자금 마련을 위해 1923년 2월 손후익과 함께 국내에 잠입했다.

1923년 4월부터 김창숙에게 송금했다.

1925년 심산의 국내 잠입 후 모금을 위해 신건동맹단을 만들고 이끌었다.

(72) 조남승(趙南升, 1882~1933) 건국훈장 애족장

1905년 을사늑약 후 박제순 등 정부 대신을 규탄하는 상소를 올렸다. 그 후 북경으로 망명하여 일제로부터 '재북경 요시찰인'이 되었다.

1921년 3월 1일 박정래의 집에서 열린 독립기념일 행사에 신채호, 심천, 정진국, 최영구 등 16인과 함께 참석했다.

1923년 6월 북경 중한호조사에서 활동했다.

1924년 7월 24일 북경한교동지회 조직 시 규칙기초위원, 집행위원을 역임했다.

1924년 8월 유럽과 아시아 각국이 참가하는 반제국주의운동대연맹회가 결성될 때 대한통의부 전권대표로 이세영과 함께 참가(북경 중산공원)했다.

1925년 6월 북경에서 영일동맹배척운동에 도보사(导报社) 동인으로 참여했다.

1926년 10월 16일 안창호가 제안한 '대독립당' 결성을 위한 한국독립유일당 북경촉성회 집행위원으로 참여했다.

(73) 조소앙(趙素昂, 본명 용은鏞殷, 1887~1958) 건국훈장 대한민국장

1913년 북경을 거쳐 상해로 망명했다.

1921년 5월 유럽을 순방하며 외교를 마치고 상해로 가기 위해 북경에 잠시 머물던 조소앙을 류자명이 연병호(延秉昊, 1894~1963, 건국훈장 독립장)와 함께 찾아가 처음 만났다. 이때 이회영도 조소앙을 찾아가 러시아의 공산독재로 폭력정치가 행해지고 있는 현실에 대해 들었다. 러시아 혁명의 배신은 이회영, 류자명, 정현섭(정화암), 이을규 등에게 공산주의에 대한 기대를 저버리게 했다.

1921년 5월 모스크바 공산당대회 참관 후 북경에서 공산주의에 대해 비판하는 '만주리선언'을 발표했다.

한국전쟁 때 납북되었으며, 그의 묘가 평양시 애국열사릉에 있다.

(74) 조수완(趙守完, 1901~1950) 건국훈장 애국장

1923부터 1926년까지 옥구축산조합을 통해 5,600원의 자금을 확보했다.

1926년 2월 상해로 망명하여 중앙군관학교 졸업 후 북경에서 의열단에 가입했다.

1930년 7월 북경 숭문문에서 피체되었다.

1932년 상해로 다시 망명한 후 천진에서 의열단 군자금을 위해 중국실업은행권 은 2천 원(元)을 탈취했다.

⑦⑤ 조용하(趙鏞夏, 1882~1937) 건국훈장 독립장

조소앙의 형이다.

1901년 대한제국의 주독일 · 주프랑스 공사관 참사관 역임 후 귀국했다.

1905년 을사늑약 후 북경으로 망명했다.

1913년 도미하여 박용만과 함께 하와이 조선독립단을 조직했다.

1920년 『태평양시사』를 발행했으며, 임정 외무총장 조소앙과 연결해 활동했다.

⑦⑥ 채성룡(蔡成龍, 1892~1930) 건국훈장 애족장

1920년 7월 이르쿠츠크 전로고려공산단체 대표자대회 중앙위원 선임 및 혁명군사위원회 회원으로 활동했다.

1923년 북경고려공산당 총무로 활동했다.

1926년 5월 북경에서 북풍회 공산주의 그룹의 중앙위원회를 조직하고 위원으로 활동했다.

1928년 1월 국내 공작을 위해 입국하다가 신의주에서 피체되었다.

⑦⑦ 최병규(崔秉奎, 1885~1963) 건국훈장 애족장

1916년 북경에 유학해 중국어를 수학했다.

1920년 단동으로 이주하여 정미소를 경영했다.

1922년 석교촌 대한독립군 총단장으로 노령 추풍으로 가서 고려혁명군 총사령관 김규식으로부터 장총 400정과 탄환 수령 후 무장투쟁에 사용했다.

1924년 정의부 2소대장으로 복무했다.

1925년 6부 대표로 일했다.

(78) 최윤동(崔胤東, 가명 최진, 1897~1965) 건국훈장 애국장

1909년 80여 명의 동지와 함께 신민회 계열의 비밀 청년단체인 대동청년당(大東青年黨)을 조직하여 지하활동을 했다.

1919년 상해로 망명하여 임시정부에 참여하고, 서간도 서로군정서 창립에 참여했다.

1920년 6월 북경에서 배천택의 권유로 군사통일회의 참가 및 의열단 가입, 만주와 국내를 연결하여 폭탄 반입 및 군자금 모금 활동을 했다.

1924년 국내에서 피체 후 2년 6개월을 복역했다. 출옥 후 다시 망명하여 운남무관학교를 졸업했다.

(79) 최재화(崔載華, 1892~1962) 건국훈장 애족장

1919년 4월 3일 경북 해평면에서 만세운동을 주도했다. 당시 해평면 기독교회 목사로 애국청년들을 신흥무관학교에 입교시키거나 상해임시정부로 파견했다.

1920년 7월 일본을 거쳐 북경으로 탈출했다.

북경에서 교민단 대표로 임정 정치회의에 최연소 참여 및 안창호와 연계했다.

⑧⓪ 최주영(崔柱英, 1896~1933) 건국훈장 애족장

1922년 1월경 독립운동을 목적으로 북경으로 갔으나 조건이 맞지 않아 귀국했다가 1925년 1월경 북경을 거쳐 천진에 자리를 잡았다.

1927년 백옥산이 이끄는 다물단에 가입했다.

1927년 11월 천진 부호 김재원 등에게 군자금 요구를 계획하다가 피체되었다.

⑧① 최창한(崔昌翰, 1891~1945) 건국훈장 독립장

1920년 6월 조맹선을 총단장으로 하는 대한독립단에 가입했다.

1921년 10월까지 대한독립단에 소속되어 황해도 장연을 중심으로 친일파 숙청 및 군자금 모금 활동을 했다.

1943년 10월 북경에서 피체되었다.

1945년 6월 28일 서대문형무소에서 순국했다.

⑧② 최천호(崔天浩, 1900~1989) 건국훈장 독립장

1919년 3.1독립운동에 참여한 이후 만주 봉천 광제청년단(단장 오동진)에서 활약했다.

1922년 김구, 여운형, 손정도 등이 결성한 한국노병회(韓国劳兵会)에 가입했다. 상해에서 의열단 가입 후 1926년 말 사이토 총독 암살을 위해 폭탄을 가지고 국내에 잠입했으나 나석주 의거 이후 삼엄한 경비로 실패했다. 이후 만주를 거쳐 북경에서 활약하다가 피체되었다.

㉘ 한봉근(韓鳳根, 1894~1927) 건국훈장 독립장

1919년 11월 만주에서 의열단에 가입했다.

1923년 12월 거사를 위해 국내에 폭탄과 무기를 반입하려다가 실패했다.

1926년 북경에서 류자명에 의해 김창숙에게 천거되어 천진으로 가 류자명, 이승춘, 나석주와 함께 동양척식주식회사 폭파 계획을 준비했으나 최종적으로 나석주 단독 거사로 결정이 났다.

㉙ 한흥(韓興, 1888~1960) 건국훈장 독립장

동명학교 교사, 권업신문사 통신원으로 근무했다.

1918년 11월 38인과 함께 길림에서 대한독립선언서를 발표했다.

1920년 국내 자금모금 시 피체되어 5년형을 언도 받았다.

1925년 6월 북경 망명 후 선두자사의 동인으로 조남승, 원세훈, 서왈보, 박건병 등과 활동했다.

㉛ 황익수(黃翊洙, 1887~1929, 가명 황해관) 건국훈장 애국장

1925년 4월 북경에서 다물단을 조직하고 단장이 되었다. 이때부터 1927년까지 북경과 천진 및 국내에 잠입하여 서울, 안성 등지에서 군자금을 모집했다.

1926년 8월 서울에서 단독으로 동소문파출소를 습격했다.

1929년 호북성 의창(宜昌)에서 병사했다.

261

⑧⑥ 황학수(黃學秀, 1877~1953) 건국훈장 독립장

1920년 상해임정 군무위원회 위원으로 활동했다.

1921년 북경에서 신숙, 신달모 등과 통일당을 조직하고 군사통일주비회에 참가했다.

1927년 만주 신민부에 참여하여 김좌진과 항일전투에 참여했다.

1930년 2월 상해에서 지청천, 신숙, 이장녕 등과 한국독립당 창당 및 한국독립군을 조직했다.

1938년 5월 조선혁명당 대표로 민족혁명당 창당에 기여했다.

1943년 광복 때(1945)까지 임시정부 생계부장을 맡았다.

4 하북성의 독립운동 사적

태항산맥(太行山脉)은 산동과 산서를 나누는 바로 그 '산(山)'이다. 하지만 태항산맥은 하나의 산이 아니고 남쪽 정주, 북쪽의 운대산(云台山)에서 북쪽 북경, 서남의 백석산(白石山)과 낭아산(狼牙山) 또는 북경 서북의 영산(灵山)에 이르는 길이 600여 km의 거대한 산맥이다. 실제 지리적으로는 산서성과 하북성의 경계를 이루고 있다. 이 산맥의 서쪽은 산서고원이 자리하여 험난한 지형을 이루고, 그 동쪽은 화북평원의 넓은 평지를 이뤄 보정, 석가장, 형대, 한단 등의 하북성 주요 도시들이 자리한다. 고대로 가면 동이족이 바로 이 태항산맥의 동쪽 사람들을 뜻했다.

1937년 중일전쟁 이후 일제는 바로 이 화북평원(华北平原)의 대도시들을 점령하고 있었고, 바로 이 태항산맥은 일제와의 항일전투에서 최전방이 되었다. 당시 조선의 피끓는 젊은이들은 바로 이 최전방에서 좌우합작으로 이뤄진 중국혁명군과 함께 조국의 해방을 위해 투쟁했다. 보정과 한단의 군관학교에서부터 호가장, 형대, 한단의 전투까지 중국의 항일이 곧 조국의 독립이라 믿고 젊음을 바쳤다. 이로 인해 석가장의 포로수용소에 피체되기도 하고, 북경 혹은 일본에까지 끌려가 희생되기도 했으며, 현장에서 전사하여 아직도 황북평촌과 한단시 섭현 및 국립묘지에 안장되어 조국으로 돌아오지 못한 전사들도 있다.

이들의 무장투쟁은 저 먼 곳의 어르신들이 계신 임시정부의 손에 잡히지 않는 독립 노선과는 다른 것이었다. 태항산에서 압록강까지 왜군을 몰아내어 조국으로 진격하고자 하는 꿈이 있었다. 하지만 이들의 열정은 해방 후 좌우의 대립으로 갈 곳을 잃어버렸다. 그들의 피끓는 투쟁은 사상적으로 소급 적용되어 재단되었고, 혹은 권력의 암투에 밀려 기록되지 못했으며, 이후 남과 북에서 한국전쟁의 주역으로 민족의 반역자가 되어 스스로 자신들의 도덕성을 쓰레기통에 처박아버렸다.

남과 북에서 모두 기록되지 못한 이 역사를 어찌할 것인가. 두 세대 이상이 지난 이 시점에서 통일 시대를 살아갈 다음 세대에게 남겨줄 것은 무엇인가. 독립운동가는 우선 해방 이전의 역사성을 평가해야 한다. 그들의 세대엔 남과 북이 없었다. 그리고 아직 논쟁거리가 많은 해방 이후의 역사는 또 다른 평가의 가능성을 열어두어야 한다.

❶ 양가포열사능원(楊家鋪烈士陵園)

당시 풍윤현(豊潤縣) 양가포촌(楊家鋪村)

102국도

양가포열사능원 내 추모비.
'혁명열사여 영원하라'라고
새겨져 있다.

양가포열사능원은 1944년 10월 주문빈이 전사한 풍윤현 양가포 전투 지역의 희생자를 추모하기 위해 조성된 묘지다. 하지만 주문빈의 묘는 현재 이곳에 없다. 그의 시신은 처음 이곳에 묻혔다가 성(省)급 지도인사였던 그의 지위를 고려하여 1953년 6월 상급 능원인 석가장시 화북군구열사능원으로 이장되었다.

1908년생인 주문빈은 노하중학(고등학교)을 졸업한 후 무순탄광 파견을 거쳐 1936년 중국공산당 당산시위원회 서기를 맡는다. 1938년에는 탄광노동자들을 동원하여 영국과 일본의 제국주의에 맞서 큰 타격을 주는 등의 활약을 펼친다.

만주와 하북성이 이미 일본의 수중에 떨어진 1943년 적진인 하북성과 열하성에서 기(冀, 하북성)·열(热, 열하성) 변구특위를 설립하고 조직부장을 맡는다.

그의 마지막이 된 1944년 10월 변구특위가 풍윤현에서 회의하던 중 갑자기 일본군에 포위된다. 이때 주문빈은 군중과 동지들의 포위를 뚫기 위해 앞장서서 전투를 치르다가 10월 17일 전사했다. 그의 나이 서른여섯이었다.

❷ 보정제2사범기념관
당시 보정제2사범학교(直隷第二師范学校)

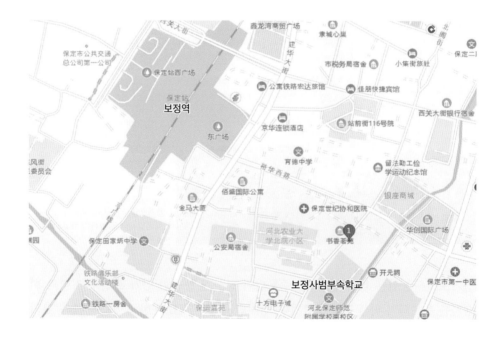

보정시 제17중학 교내
보정제2사범기념관

보정역 인근 약 500m 동쪽에 위치한다. 현재 보정시 제17중학의 경내에 있다. 장지락은 1932년 초에 한 친구의 소개로 보정제2사범학교의 요청을 받고 이대조가 창립한 이 학교에 와서 교편을 잡고 당대표의 신분으로 학생운동을 지도했다. 그런데 5월의 어느 날 중국경찰이 한 일본경찰을 데리고 학교에 와 장지락을 수색하는 일이 벌어진다. 조선인 선생이 없다는 교장의 부인과 학생들의 도움으로 피체를 면한 장지락은 이튿날 학교에 사표를 내고, 인근의 고양소학교에서 다시 교편을 잡는다. 그러다가 다시 당 사업을 위해 300여 명의 농민들을 조직했고, 중국 공산당은 그에게 보정에서 무장봉기를 일으켜 소비에트를 건립할 것을 지시했다. 시기상조라고 생각하여 거절했고 거듭되는 요구에 농민 봉기를 일으켰으나 많은 희생자만 내고 실패했다. 이에 1932년 말 장지락은 다시 북경으로 돌아와 약 1년간 보정에서 생활했다.

❸ 보정육군군관학교구지 및 보정군교기념관(保定军校纪念馆)

독립운동사에서 최고의 포병 지휘관으로 통하던 김무정이 이 학교에 다녔다. 1905년생인 그는 1923년 3월 서울에서 다니던 학교를 중퇴하고 압록강을 건너 만주를 거쳐 북경까지 도보로 망명했다. 그리고 1923년 4월부터 1924년 3월까지

보정육군군관학교 옛터 및
기념관 입구

1년간의 단기 과정으로 이 학교의 포병과를 졸업했다.

졸업 후 국민당군 포병 중위에 임관했고, 1925년 뛰어난 실력과 지휘력으로 포병 중령이 되었다. 이해에 북경으로 와 중국공산당에 가입했다.

이후 중국공산당에서 활동하던 그는 대장정에 참여하여 살아남은 유일한 조선인이 되었고, 팔로군 포병단 단장이 되었다.

1941년 태항산 조선의용대와 그 개편 부대인 1942년 조선의용군 사령관이 되어 해방을 맞았으나, 해방 후 북으로 가 2군단장으로 남침을 감행하여 그의 독립운동은 빛이 바랬다.

❹ 현 석가장(石家庄) 평안공원(平安公園)
당시 일본군 석가장시 포로수용소

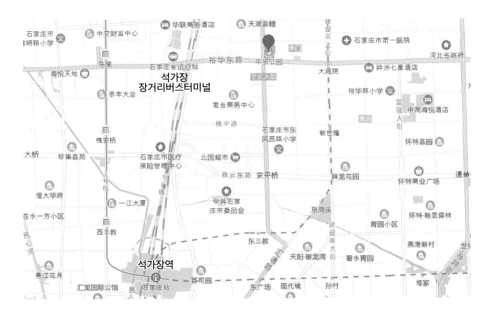

석가장 시내 평안공원 입구

271

1937년 중일전쟁 이후 보정, 석가장, 형대(邢臺), 한단 등 하북성 일대 대도시가 일본군에 점령당했다. 일제는 교통의 요지인 석가장시에 포로수용소를 만들어 포로들을 심문한 뒤 분류하여 각처로 보냈다. 현재의 석가장시 평안공원이 바로 당시 일본군이 포로수용소로 사용하던 곳이다. 즉, 태항산과 하북성 일대에서 항일투쟁을 벌이던 우리의 독립운동가들이 생포되면 끌려온 곳이다.

이 포로수용소에 1941년 12월 12일 호가장전투에서 왼쪽 허벅다리에 총상을 입고 생포된 조선의용대 2지대 분대장 김학철이 끌려왔다. 그는 이곳에서 분류되어 일본 나가사키(長崎)로 다시 끌려가 다리를 절단하고 그곳 형무소에서 해방을 맞는다.

또 조선의용군 이원대(마덕산) 소부대장이 1943년 부대를 이끌고 산서성 부곡(府谷)에서 전투를 벌이다가 포로가 되어 이곳에 끌려왔다. 그는 1933년 상해로 망명하여 곧바로 남경의 조선혁명정치군사간부학교 2기생으로 입교해 졸업했으며, 당시 태항산 일대에서 활약하고 있었다. 그는 이 포로수용소에서 북경의 일본영사관 부속 헌병대 감옥으로 끌려가 1943년 6월 17일 고문 끝에 순국했다. 같은 감옥에서 이육사가 순국하기 7개월 전이었다.

❺ 화북군구열사능원(華北軍區烈士陵園)

1944년 10월 17일 주문빈이 하북성 당산시 북쪽 풍윤현 양가포촌에서 희생되자 중국공산당과 동지들은 그를 풍윤현 양가포 전모산 아래 한 소나무 곁에 묻었다. 그러나 주문빈 열사는 화북대지의 주요한 당 지도자였으므로 1953년 6월 화북군구열사능원이 석가장시 원 승리공원에 준공된 후 그의 묘가 이곳에 이장되었다.

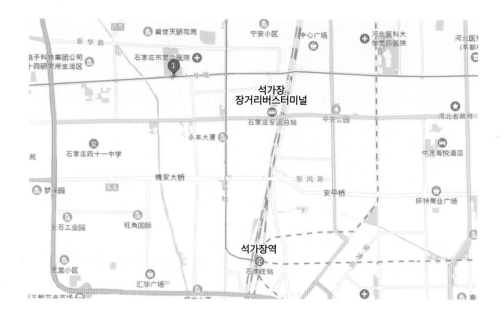

❻ 태항산 항일무장투쟁 사적지 요약지도

이 전적지들을 둘러보는 코스는 북경에서 출발하여 3박 4일 혹은 4박 5일이 적당하다. 추천 코스는 우선 북경에서 출발하여 호가장촌과 황북평촌을 둘러보고 나서 당일 저녁 한단빈관(邯鄲賓館)에 묵고, 다음날 총대공원과 진기로예열사능원을 오전에 보고 오후에 상무촌과 마전, 운두저촌을 둘러본다. 3일째 간후촌, 청천촌, 석문촌을 둘러본 후 흑룡동, 남애포촌, 요문구촌을 통해 십자령까지 답사한다. 3일째 숙박은 오지산 산장에서 하고 4일째에 오지산 내 조선의용대 주둔지를 본 후 남장촌, 하남점, 129사 사령부, 중원촌까지 둘러보고 북경으로 귀환한다. 하루의 여유가 더 있다면 오지산(五指山) 케이블카를 타고 정상에 올라 트레킹 코스를 둘러보는 것도 추천한다.

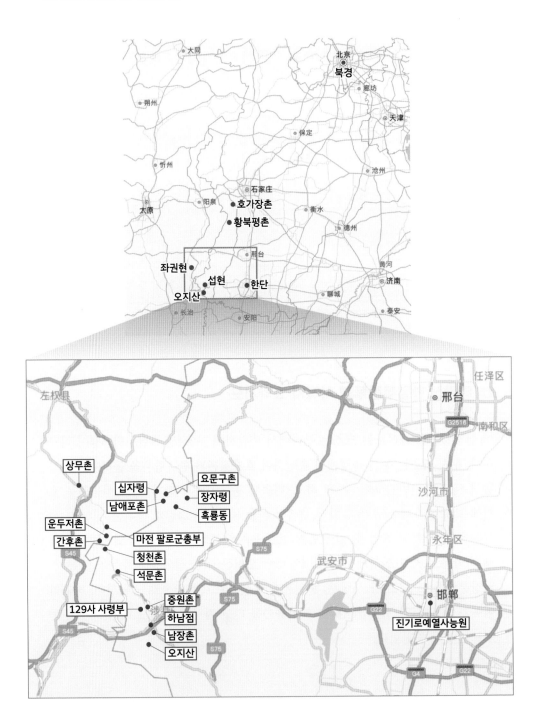

❼ 호가장촌(胡家庄村)

당시 호가장전투 격전지

호가장촌은 석가장시 중심에서 약 50km 떨어져 있고, 자동차로 1시간 반가량 걸린다.

이곳에서 1941년 12월 12일 새벽에 그 유명한 호가장전투가 있었다. 이 전투는 조선의용대 2지대원 20여 명이 일본군을 마을 인근 코앞에 두고 마을에서 항일집회 및 조직사업을 벌이다가 새벽에 덮친 일본군과 교전한 전투로 아군 4명이 전사하고 3명이 부상, 1명이 포로로 잡혔으나, 일본군 50여 명의 사상자를 내며 성공적으로 퇴각하여 승리한 전투로 기록되어 있다.

이 전투에서 희생당한 4명의 조선의용대원은 박철동(朴喆東, 1915~1941, 건국훈장 애국장), 손일봉(孫一峯, 1912~1941, 건국훈장 애국장), 이정순(李正淳, 1918~1941, 건국훈장 애국장), 최철호(崔鐵鎬, 1915~1941, 건국훈장 애국장)이고, 부상자는 2지대장 김세광(金世光, 1910~미상), 분대장 조열광(趙烈光), 대원 장례신이었다. 그리고 대원들의 퇴각을 위해 지붕 위에서 총격전을 벌이다가 왼쪽 허벅지에 총을 맞고 포로가 된 분

김학철·김사량
항일문학비

호가장촌 조선의용대 주둔지.
이 지붕 위에서 김학철이
왼다리에 총을 맞고 포로가 된다.

'의용가'라고 명명된
조선의용대 주둔지 거리

호가장촌 격전지

대장 김학철이 있었다. 그는 석가장 포로수용소를 거쳐 나가사키로 끌려간다.

⑧ 황북평촌(黃北坪村)
호가장전투 전사 4열사묘

황북평촌은 호가장촌에서 직선거리로 30여 km에 불과하지만, 도로상의 거리로는 60km를 돌아가야 한다. 자동차로 이동하면 약 1시간 30분이 걸린다.

황북평촌에는 호가장전투에서 희생된 4명의 전사자 박철동, 손일봉, 이정순, 최철호의 묘가 나란히 모셔져 있다. 호가장 마을 사람들이 이 4명의 시신을 일본군에 빼앗기지 않기 위해 밤새 짊어지고 황북평촌까지 이동하여 이곳에 묘를 조성했다고 한다. 이는 당시 조선의용대가 마을의 피해를 줄이기 위해 인근 산악지대로 일본군을 유인한 고마움에서 비롯된 것이다.

이들의 묘는 마을의 뒷산 언덕 양지바른 곳에 조성되어 있다. 그리고 대한민

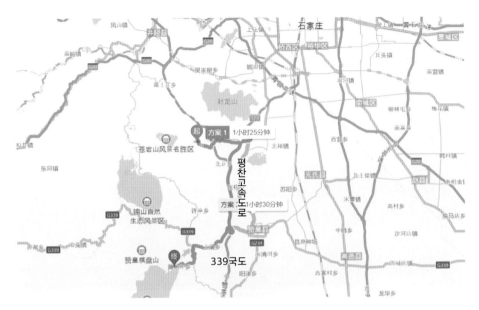

황북평촌을 내려다보는
양지바른 언덕에 4명의
조선인 열사가 조국인
동쪽을 바라보며 묻혀 있다.

국 정부에서 이들을 기려 1993년 건국훈장 애국장을 추서했다.
　　김학철이 작사한 「조선의용대 추도가」가 전한다.

　　사나운 비바람이 치는 길가에
　　다 못가고 쓰러진 너의 뜻을
　　이어서 이룰 것을 맹세 하노니

278

진리의 그늘 밑에 길이길이 잠들어라
불멸의 영령

❾ 한단시 총대공원(丛台公园)

당시 한단군관학교

총대공원은 전국시대(戰國時代) 조(趙)나라의 궁성이 있던 곳이고, 항일투쟁 시기에는 중국의 한단군관학교(한단군사강습소)가 있었다. 이 한단군관학교에 나석주 의사가 재학했다.

　　나석주는 1892년 황해도 출생으로, 3.1독립운동 이후 국내 군자금 모금 활동을 하다가 1920년 상해임시정부 경무국장인 김구 휘하에 있었다. 그러다가 김구, 여운형, 손정도가 중심이 된 한국노병회(韓國勞兵會)의 추천으로 이곳 한단군관학교에 1923년 정진국, 성주식(成周寔), 송호성과 함께 입교한다. 이 학교는 중국의 군벌 오패부(吳佩孚)가 설립 및 운영하고 있었다.

총대공원 동쪽 입구. 맞은편에 한단시박물관이 있다.

나석주는 졸업 후 장교로 임명되어 보정(保定)의 중국군 공병단 철도대에서 근무했다. 이후 1926년 김구, 김창숙, 류자명, 박자혜 등의 도움으로 서울에서 동양척식주식회사와 식산은행에 폭탄 의거를 행하게 된다.

이곳을 답사할 때 한단빈관이나 한단대주점에서 숙박하기를 권한다. 바로 옆이 총대공원이고 맞은편에 한단시박물관도 있으니 전국시대 조나라에 관심이 있다면 둘러보기를 권한다.

⑩ 한단시 진기로예열사능원(晉冀魯豫烈士陵园)

총대공원에서는 남쪽으로 약 2km 떨어져 있다. 한단빈관에서 묵는다면 아침 일찍 총대공원에서 운동하는 중국인과 공원을 함께 둘러보는 산책 겸 답사를 권한다. 이후 호텔에서 조식과 체크아웃을 한 후 진기로예열사능원으로 향한다.

'진기로예'라는 말은 주변 4개의 성(省)을 줄인 말로 진(晉)은 산서성, 기(冀)는 하북성, 로(魯)는 산동성, 예(豫)는 하남성을 지칭한다. 진기로예열사능원은 우리나라의 국립묘지와 같다. 다만 중국은 땅이 워낙 넓어 여러 지역으로 분산시킨 것이

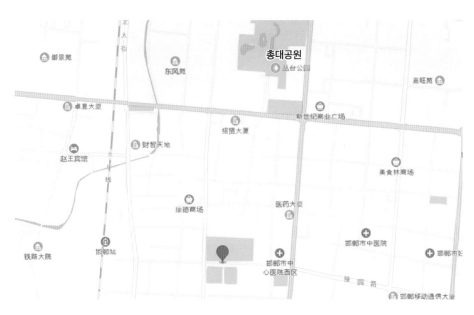

진기로예열사능원
북원 입구

고, 주변 4개 성의 국립묘지라고 생각하면 된다.

진기로예열사능원은 남원과 북원으로 나뉘어 있는데, 북원에 평양 출신의 진
광화(본명 김창화)와 남원에 경남 밀양 출신인 석정 윤세주의 묘가 있다. 현장에 가
보면 진광화의 묘는 봉분도 크고 단독으로 조성되어 있고, 윤세주의 묘는 다른 이
들의 묘와 나란히 작은 크기로 조성된 차이를 발견할 수 있다. 이는 당시 진광화는

진광화(陳光華, 본명 김창화
金昌華, 1911~1942,
건국훈장 애국장)의 묘

석정 윤세주의 묘

중국공산당에 가입했고, 윤세주는 중국공산당에 가입하지 않은 차이다. 실제로는
조선의용대 내에서 석정의 지위가 더 높았다.

⑪ 한단시에서 상무촌 가기

한단시 진기로예열사능원에서 섭현과 좌권현 일대의 답사지를 둘러보기 위해 필
자가 여러 코스로 수차례 답사해본 결과 가장 좋은 코스는 한단시에서 가장 먼 상
무촌을 먼저 답사하고 나서 동남쪽으로 내려오는 코스를 권한다. 이것이 시대순으
로도 맞다. 만약 섭현의 남장촌부터 답사하여 상무촌으로 올라간다면 시대를 역

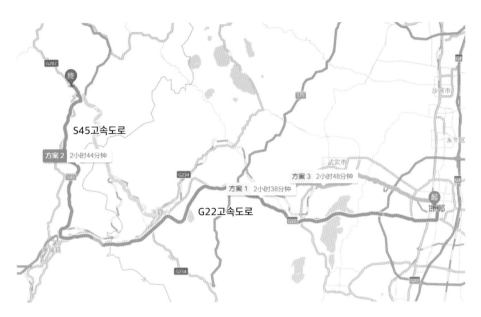

S45天黎高速(천려고속도로)의 도로변 태항산 줄기

순으로 답사해야 하고, 결국 답사를 다 마치고 갔던 길을 되돌아나와야 하며, 모든 길이 국도여서 이동 시간도 오래 걸린다.

따라서 한단시에서 오전에 진기로예열사능원을 답사하고 바로 G22青兰高速 (청난고속도로)을 타고 서쪽으로 이동하다가 다시 S45天黎高速(천려고속도로)을 타고 상무촌으로 바로 나오는 길이 가장 좋다. 이 길은 이동 중에 태항산맥의 경치도 감상할 수 있어 좋다.

⑫ 상무촌(上武村)

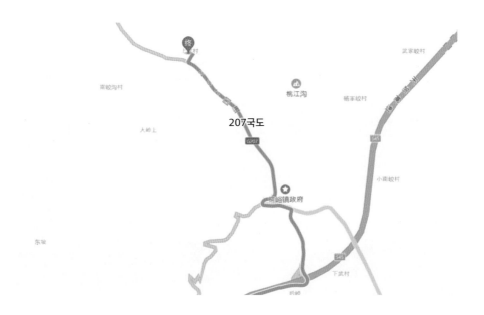

상무촌은 태항산맥 너머 산서성 진중시 좌권현에 위치한다. 조선의용대 관련 사적 중 가장 서쪽이다. 이곳이 조선의용대가 최초로 주둔한 곳이다. 그들은 1941년 1월 대오정비를 위해 화북조선청년연합회를 결성하고, 7월에는 조선의용대와 합쳐 조선의용대화북지대로 개편한다. 8월에는 자체 하급간부 육성을 위해 간부훈련반을 개설한다. 9월부터 일반인 대상 군중집회와 대일선전활동을 시작하고, 11월부터는 본격적인 화북지대 무장선전활동을 시작하여 북으로 석가장에서 남으로 안양까지 300여 km의 산악지대를 무대로 활동한다. 이 와중에 12월 12일 호가장 전투가 벌어졌다.

당시 조선의용대화북지대는 마을 안쪽의 도교사찰인 홍복사에 주둔했는데,

상무촌 입구. 홍복사는
마을 왼쪽 뒤에 있다.

홍복사 터. 가장 안쪽에
건물 하나만 남아 있다.

조선의용대 무명용사 묘.
마을 뒷산 중턱에 있다.

그 시기는 1941년 7월부터다. 1942년 일본군의 공격으로 후퇴했을 당시 일본군이 불을 질러 주둔지 대부분이 전소되었다. 현재는 하나의 건물만 남아 있고, 건물에는 '조선의용대 주둔지'라는 작은 표지가 걸려 있다.

홍복사 입구에는 2002년 12월 대한민국순국선열유족회와 중국 좌권현 인민정부가 합동으로 세운 '조선의용군 태항산지구 항일전 순국선열 전적비'가 세워져 있다.

마을 뒷산에는 조선의용대 무명용사의 묘가 있다. 전해지는 말로는 원래 무덤 안에 2구의 유골이 있었으나, 언젠가 한국에서 유족이 찾아와 1구의 유골을 이장해갔다고 한다. 현재 마을에서는 해마다 청명절에 이 무명용사의 묘에서 명복을 비는 추모제를 지내고 있다.

⑬ 마전(马田)

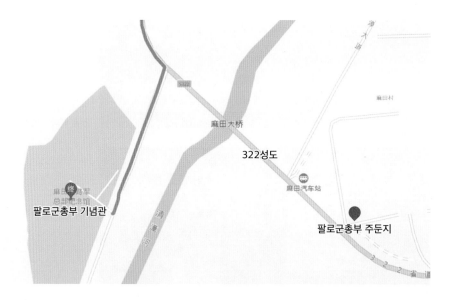

마전팔로군총부 기념관

마전팔로군총부 주둔지

마전은 1937년 국공합작으로 이루어진 중국혁명군 중 여덟 번째 공산당원으로 이루어진 부대인 팔로군(八路軍)의 총부전선사령부가 주둔했던 곳이다. 즉, 일로군부터 칠로군은 인원이 많았던 국민당군이고, 팔로군 하나가 공산당군이었다.

1941년 7월 팔로군총부가 옮겨오면서 최전방에서 일본인과 직접 싸우고 싶었던 조선인 부대원들도 이곳으로 모여들기 시작한다. 이에 팔로군총부에서 같은 시기에 상무촌에 조선의용대 주둔지를 마련해주었다.

이곳에는 현재 두 군데의 방문지가 있는데 우선 상무촌에서 길을 따라 마전으로 들어오면 마전대교를 건너기 전에 오른쪽으로 멋진 절벽을 배경으로 한 마전팔로군총부 기념관이 있고, 다시 마전대교를 건너면 팔로군총부가 주둔했던 마전팔로군총부 주둔지가 있다. 이 두 군데에 조선의용대 관련 전시가 되어 있으므로 모두 둘러보기를 권한다.

⑭ 운두저촌(云头底村)

운두저촌은 '구름 아래 마을'이라는 예쁜 이름을 가진 곳으로, 마전팔로군 총사령부의 남쪽 2.8km 지점인 청장하(清漳河) 건너편에 있다. 이곳은 조선의용대의 두 번째 주둔지로 1941년 말 상무촌에서 마전과 소통하기 가까운 이곳으로 주둔지를 옮겼다.

이곳에는 마을 앞으로 태항산맥이 그림같이 흐르고, 조선의 청년들이 멱을 감고 물고기를 잡던 청장하가 옛 모습 그대로다. 마을 안쪽으로는 조선의용대화북지대 지대장 박효삼(朴孝三)이 묵던 숙소 겸 지휘부 건물이 아직 남아 있고, 그 앞으

조선의용대화북지대
지대장 박효삼 및 김학무
등 지휘부의 주둔지

마을 서쪽 문루에 적힌
한국어 표어

로 당시의 연병장도 남아 있다. 마을의 서쪽 입구에는 "왜놈의 상관놈을 쏴 죽이고 총을 메고 조선의용군을 찾아오시요!"라는 표어가 적힌 문루가 옛 모습 그대로 서 있다. 이 표어는 한국어를 모르는 마을 사람들이 그리듯 덧칠하여 지금까지 남아 있다.

　1942년 5월 일본군은 이 지역의 팔로군을 쓸어버리기 위해 대대적인 포위 공습을 감행한다. 이때 이 마을에 주둔하던 조선의용대도 팔로군을 따라 철수하게 되는데, 철수의 마지막을 지키던 윤세주와 진광화(본명 김창화)가 장자령 흑룡동 인근에서 희생된다. 윤세주의 시신은 조선혁명정치군사간부학교 2기생인 하진동 외 1명이 수습한다.

⑮ 간후촌(看后村) 151호

간후촌 151호
조선의용대 주둔지

간후촌 151호 내부

간후촌은 운두저촌에서 서쪽으로 약 1.8km 떨어져 있다. 마을 안쪽으로 한참을 들어가 오른쪽 골목으로 접어들면 찾을 수 있다.

간후촌 151호 조선의용대 주둔지는 1942년 5월 전후에 조선의용대가 운두저 마을에 주둔할 당시 이곳에도 일부 인원이 주둔했거나, 5월 반소탕전 이후 다시 돌아온 병력이 잠시 주둔했을 가능성이 있다. 후자 쪽이라면 이 집 외에도 마을 일대 다른 집에도 조선의용대가 나누어 주둔했을 가능성도 있다.

이곳에서 전열을 재정비한 조선의용대화북지대가 다시 청천촌 천단사로 주둔지를 옮겼다고 보면 시간의 흐름과 장소의 이동이 모두 맞아떨어진다.

⓰ 청천촌(淸泉村)

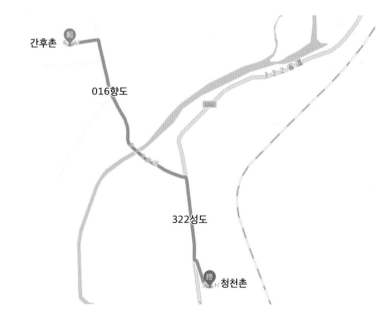

청천촌(淸泉村)은 '맑은 샘물이 나오는 마을'이라는 뜻으로, 운두저촌과 간후촌의 남쪽 청장하 건너 2.2km 떨어진 곳에 있다.

청천촌 천단사(天坛寺)
조선의용대 주둔지

1942년 5월 2차 소탕전 이후 간후촌에 잠시 머물던 조선의용대가 이곳 천단사(天坛寺)에 다시 주둔한다. 혹은 동시에 주둔했을 수도 있다. 그리고 다시 1942년 7월 중원촌으로 이전한다. 즉, 간후촌과 중원촌은 운두저촌에서 반소탕전 당시 입은 피해를 수습하고 전열을 정비한 임시 주둔지 성격이 강하다.

청천촌 마을 뒷산에 위치한 옛 천단사에 주둔했던 조선의용대는 이곳에 주둔할 때까지가 '조선의용대'다. 이곳을 떠나 중원촌 완정사(完定寺)로 옮겨 1942년 7월에 조선의용대화북지대가 조선의용군화북지대로 개편된다.

⑰ **석문촌(石门村)**

석문촌은 청천촌에서 남쪽으로 약 11.7km 떨어져 있고, 마을 뒷산까지 차로 올라가야 목적지까지 갈 수 있다.

이곳은 1942년 5월 반소탕전 당시 전사한 중국의 좌권 장군과 조선의용대의 석정 윤세주, 진광화의 무덤이 조성된 초장지다. 초장지라 함은 '지금은 유해가 이전되어 다른 곳으로 이장되었다'라는 뜻인데, 그 이장된 곳이 바로 한단시의 진기로예열사능원이다. 이 전투에서 좌권이 희생된 것을 추도하여 현의 이름을 '좌권현'으로 바꾼 것이다.

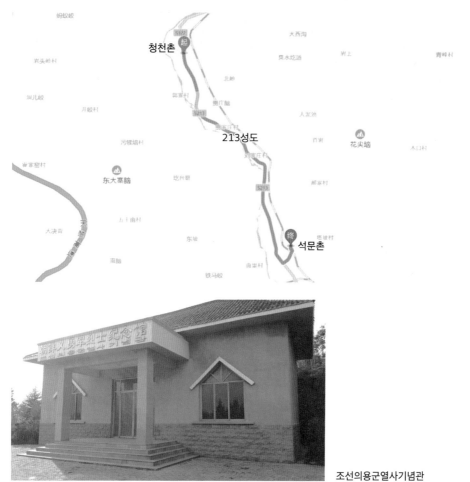

조선의용군열사기념관

진광화(좌)와 윤세주(우)의 묘

당시 반소탕전에서 돌아온 팔로군사령부는 1942년 10월 10일 이곳에 희생자 중 지도자급인 세 사람의 묘를 특별히 조성하고 이들의 추도식을 가졌다. 이 추도식에 등소평 및 동지 5천여 명이 모였다.

이곳에는 현재 좌권의 묘와 윤세주, 진광화의 묘가 초장 당시의 모습으로 남아 있고, 상영생(尙榮生) 선생이 관장인 조선의용군열사기념관이 있다.

⑱ 흑룡동촌(黑龙洞村)

흑룡동촌을 찾아가는 길은 213번 성도(省道)에서 155번 현도(县道)로 접어드는 삼거리를 잘 찾아들어야 한다. 이는 모두 필자가 수차례 답사를 통해 가장 좋은 코스를 추천하는 것이다. 석문촌 쪽에서 내려온다면 태호복희의 여동생 여와를 모신 와황궁(娲皇宫)에 못 미친 삼거리에서 좌회전해야 한다.

흑룡동은 장자령(庄子岭) 남쪽에 위치하며, 석정 윤세주가 전사한 곳으로 알려져 있다. 하지만 그가 정확히 흑룡동 어느 곳에서 전사했는지는 아무도 모른다. 따

오른쪽 담 아래 동굴이
흑룡동이다.

라서 일반 답사객은 이곳 흑룡동 입구에서 그에게 묵념 또는 간단한 제사와 추모
제를 지내곤 한다.

약산 김원봉과 세 살 차이이며 밀양의 같은 동네 앞뒷집에서 자란 동지이자
동생이던 석정 윤세주가 1942년 5월 이곳에서 전사한 후 조선의용대는 조선의용
군으로 개편되고 그 이념이 좌편향으로 기울어지게 된다. 석정은 사망 당시까지도
중국공산당에 가입하지 않았다.

⑲ 요문구촌(窑门口村)

요문구촌은 흑룡동촌에서 서북쪽으로 약 6.2km 떨어져 있다. 이곳은 1942년 5월
반소탕전 당시 일본군과 요문구전투가 벌어진 전장이었다.

팔로군의 야전정치부와 조선의용대원, 그리고 129사 전투원이 포위해오는 일
본군과 격전을 벌였고, 흑룡동 방향으로 빠져나가는 데 성공했다.

김학철의 소설『종횡만리』중 요문구전투를 묘사한 부분을 아래에 전한다.

팔로군 야전정치부는 새벽 4시에 요현 마전(삼밭)을 출발하여 한낮때 요
문구에 당도했는데 거기서 적군과 맞닥뜨렸다. 비전투원들로 편성된 대오

요문구촌

199향도

흑룡동촌

요문구촌 입구 표지판

가 산골짜기를 지나 행진하고 있을 즈음 불시에 앞길을 가로막으며 나타
난 적병들이 총질을 시작했다. 그와 동시에 머리 위에 나타난 적기가 거듭
거듭 급강하 폭격을 하여 대오의 전후좌우에서는 폭탄들이 연달아 터졌다.
한데 이 불의의 습격을 받은 대오는 그 대부분이 직속기관의 간부들로 편
성이 된 까닭에 공문서가 든 상자 따위가 여간 많지 않아서 짐을 실은 노새,

296

말들이 숱했다. 무장을 갖춘 것은 경호 소대 하나뿐. 그러므로 대오의 행동은 민첩할 수가 없었다. 이런 고빗사위에 또 한 무리의 적병이 돌연 후면에서 나타나더니 미친듯이 총질을 가해오며 기세 사납게 달려들었다. (중략)

이런 위기일발의 찰나에 천병(天兵)이 나타났다. 조선의용대 임익성지대 백여 명의 생력군이 하늘에서 떨어졌는지 땅에서 솟았는지 돌연히 나타난 것이다! (중략) 하늘을 우러러 차탄하고 마지막 명령을 막 내리려 할 즈음 돌연히 좌우측에서,

"샤(杀)!!"

천지를 진동하는 함성이 들려오며 잇달아서 총성이 크게 일어났다. 증원부대가 들이닥친 것이다! (중략)

야전정치부와 조선의용대가 전멸의 위험에 처해 있다는 급보를 받고 최급속도로 증원을 온 것은 나중에 알고 보니 129사단의 한 예비연대였다.

야전정치부는 조선의용대가 구하고, 그리고 그 조선의용대는 또 팔로군이 구하였다. 야릇한 운명으로 엮어진 두 군대였다.

❷⓿ 남애포촌(南艾铺村)

남애포촌은 흑룡동촌에서 요문구촌을 방문한 후 갔던 길을 되돌아와 다시 서쪽길, 즉 십자령 방향으로 접어들어야 도착할 수 있다. 이곳은 1942년 5월 반소탕전 당시 퇴각하던 팔로군사령부가 임시로 주둔한 곳이다. 이곳에서 길을 따라 계속 북상하면 십자령에 닿을 수 있다. 당시에도 이곳에 주둔하던 팔로군사령부가 북쪽으로 난 길을 따라 십자령으로 퇴각했고, 그 전투에서 좌권 장군이 희생되었다.

현재 이곳에는 당시 팽덕회 사령관과 좌권 참모장 등이 주둔했던 옛집이 거의 허물어져 벽 일부만 남아 있는 상태다.

요문구촌

199향도

남애포촌   200향도

남애포촌 팔로군사령부 건물. 당시 팽덕회와 좌권 장군의 거처 표지가 보인다.

㉑ 십자령(十字岭) / 좌권령(左权岭)

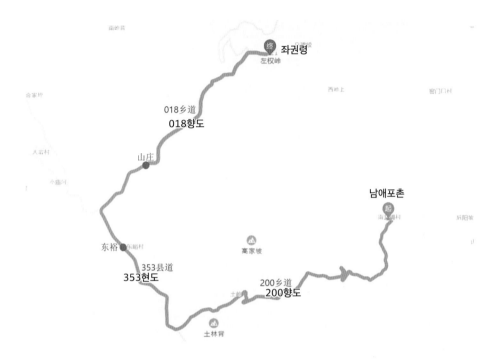

남애포촌에서 십자령까지는 200향도, 353현도, 018향도를 따라 차를 몰아야 한
다. 특히 200향도는 승용차가 겨우 빠져나갈 수 있는 길이다. 버스로 이곳에 오기
위해서는 다른 길로 와야 한다. 필자가 답사한 2018년 당시에는 큰 도로가 모두
공사 중이었다.

　　남애포촌에서 퇴각을 거듭하던 팔로군은 이곳 십자령을 넘기 위해 고전을 거
듭하고 있었다. 폭격을 위한 일본군 비행기 6대가 떴고, 계곡 아래에서는 추격하
는 일본군이 개미처럼 올라오고 있었다.

　　이 전투 중에 비행기에서 폭격하는 파편에 맞아 젊고 능력 있던 좌권 참모장
이 희생되었다. 현재는 그를 추모하여 십자령을 '좌권령'이라고 부르기도 한다. 결
국 팔로군의 주력은 십자령을 빠져나가 성공적으로 퇴각할 수 있었다. 이 전투에

십자령에 있는 좌권의
동상. 좌권 장군의 희생을
기려 십자령을 좌권령으로
바꾸었다.

당시 십자령 격전지

서 팔로군 좌권 참모장과 조선의용대의 윤세주, 진광화 등 영용한 전사들의 희생
으로 사령관 팽덕회와 정치위원 등소평이 살아남을 수 있었다.

㉒ 중원촌(中原村)

중원촌은 213성도(省道) 와황궁(媧皇宮) 북쪽 흑룡동으로 가는 삼거리에서 다시
남쪽으로 약 6.5km 거리에 있다. 서쪽으로 청장하를 건너면 팔로군 산하 사단인
129사의 주둔지가 있다.

213성도

중원촌 완정사

중원촌 조리실 입구

중원촌 조리실 건물

중원촌 62호
화북조선청년혁명학교 숙소

화북조선청년혁명학교 옛터인
청장학교(淸漳学校) 부지

중원촌은 조선의용대가 1942년 5월 반소탕전 이후 간후촌, 청천촌에서 체제를 정비한 이후 주둔한 곳이다. 우선 이들은 1942년 7월 초 마을의 중턱에 있는 완정사(完定寺)를 사령부 주둔지로 삼고, 조선의용대화북지대의 정치기구인 화북조선청년연합회를 조선독립동맹으로 개편한다. 그리고 다시 군사조직인 조선의용대화북지대를 조선의용군화북지대로 확대 개편한다. 이 회의의 의장은 김두봉이었고, 집행위원에 김두봉, 무정, 최창익(崔昌益, 1896~1957), 박효삼, 김학무, 김호(가명 채국번), 김창만, 왕지연, 이유민, 진한중, 이춘암 11명이었다.

이때 조선의용군화북지대 사령관에 무정이 임명되어 연안에서 태항산으로 오고, 정율성이 그를 따라 함께 이곳으로 왔다. 박효삼은 조선의용군화북지대 대장을 맡았다.

독립동맹과 조선의용군이 중원촌에 주둔한 지 얼마 후인 10월 10일 석문촌에서 등소평 등 5천여 명의 중국 동지들이 참여한 가운데 좌권, 윤세주, 진광화의 추도식이 열렸다. 팔로군 주덕 총사령관과 팽덕회 부총사령관은 신화일보에 조선 열사들을 추모하는 글을 실었다.

이 마을에는 완정사가 아직 온전한 형태로 남아 있다. 그 북쪽에는 주둔군의 조리실로 쓰이던 집도 남아 있고, 화북조선청년혁명학교 터와 그 숙소 건물도 아직 남아 있다.

㉓ 팔로군제129사사령부구지(八路軍第一二九帥司令部旧址)

팔로군제129사사령부구지 일대는 중국의 항일교육기지로 정비가 잘되어 있다. 입구에 당시 사령부 인사들의 동상과 기념탑, 기념관 등이 세워져 있고, 당시 이 지역 유지의 집을 징발해 129사의 사령부로 쓰던 대저택이 잘 보존 및 관리되고 있다. 이곳의 각종 전시물과 지도 등에 조선의용대의 활약상도 전시되어 있으니 하나씩 찾아보는 것도 흥미롭다.

129사는 팔로군사령부가 마전으로 들어오기 전부터 이곳 최전방에 주둔하고

219향도

청장하

사령부 내의 일부 건물

있었다. 등소평은 이곳 129사에서 정치지도원을 맡고 있었고, 후에 팔로군사령부로 다시 파견된다.

조선의용군은 해방 전까지 이들과 유기적인 관계를 유지하며 일본군과 태항산 일대 전투 및 선전전, 포로 심문 등에서 맹활약했다.

㉔ 하남점(河南店)

하남점의 보건소를 찾기 위해서는 청장하대교와 이어지는 큰길을 따라 들어오다
가 왼쪽에 하일점(河一店) 표지석을 보고 골목으로 쭉 들어오면 된다. 오는 길에 오
른쪽에 옛 우물 하나가 보이는데, 당시 조선의용군이 이용하던 마을 우물이다.

　　하남점은 동맹정부가 남장촌에 주둔할 때 함께 주둔한 인근 마을이다. 이곳에
조선의용군은 3.1상점, 사진관 및 대중병원을 세워 마을 사람들과 조선의용군을
진료했으며, 방직공장을 세워 군복을 자체 조달했다.

　　3.1상점은 1943년 3월 2천 원을 들여 세운 상점으로 쌀, 소금, 비누, 성냥 등
을 팔았다. 점원은 4명이었고, 책임자는 신태식(申泰植)이었다. 이들은 모두 조선인
이었고 부지런히 운영하여 10만 원의 월수입을 올렸다. 명절이면 염가로 판매하
여 마을 사람들에게 좋은 평가를 받았다.

　　대중병원은 1943년 3월 자본금 2천 원을 들여 설립되었고, 내과, 외과, 약제
실이 있었다. 백은도가 원장 겸 내과를 보았고, 김상현이 부원장 겸 외과를 보았

현 하남점 보건소 /
하남점 3.1상점 옛터

하남점 대중병원(大衆病院)
및 방직공장

다. 임분 주둔 일본군에서 탈주해온 김희원이 제약을 맡았고, 한때 김구의 비서였던 이화림(李華林, 1906~미상)이 간호사로 근무했다. 이 병원은 월수입이 3만 원(元)에 달했다.

방직공장은 병원 뒤쪽에 있었다고도 하고 대중병원 안에 있었다고도 하는 엇갈린 증언들이 존재한다. 1945년 3월 문을 열었고, 책임자는 홍림이었다. 대부분 여성이었던 30여 명의 노동자 모두 조선인이었다. 직접 심은 목화로 솜옷을 만들었다.

사진관은 현재 하일점(河一店) 입구 표지석 인근에 있었다.

이 외에도 태항이발청(太行理髮廳) 등이 있었으나 위치를 찾지 못했다.

㉕ 남장촌(南庄村)

남장촌은 하남점에서 들어올 때 234번 국도에서 섭현제5중학 쪽으로 언덕을 올라와야 한다. 학교 앞에서 길을 따라 좌회전해서 마을을 가로지르면 길 끝에 인민극장이 보이고, 그 앞의 하늘색 유치원 건물 안쪽이 바로 옛 조선혁명군정학교 자리다. 현재는 당시의 작은 건물 두 동만 남아 있고, 유치원에서 건물을 사용하고 있다.

　군정학교를 등지고 왼쪽 앞 대각선에 사령관이자 교장이던 무정의 숙소가 있다. 옛 건물 그대로 보존되어 있다. 무정의 통신원이던 왕소안의 증언에 의하면, 528번지 2층 벽돌 건물이 무정의 숙소였고, 529번지 단층 건물이 의용군 간부들이 머물던 곳이다.

　다시 군정학교를 등지고 오른쪽으로 가면 연병장으로 쓰이던 인민극장(人民劇場)이 있는데, 그 뒤에 있는 건물 또한 조선의용군 주둔지다.

　그리고 무정의 숙소 앞길을 따라 난 골목을 지나 북쪽 방향으로 빠져나가면 군정학교의 생도들이 묵던 숙소가 있다.

조선의용군 총본부 및
조선혁명군정학교. 이 건물의
내부로 들어가면 칠판에 글을
남길 수 있다.

조선의용군 사령관이자
조선혁명군정학교 교장인
무정의 숙소

남장촌 인민극장 뒤
조선의용군 주둔지

　　1942년 7월 중원촌에서 결성된 조선독립동맹과 조선의용군 총본부가 1943년 4월에 이곳 섭현 남장촌으로 이전해 주둔했고, 1944년 9월에 이곳에서 조선혁명 군정학교를 설립했다. 교장은 조선의용군 사령관 무정이 맡았고, 교육장으로 전라도 광주 출신의 혁명음악가 정율성이 임명되었다. 1945년 8월 해방 때까지 약 2년간 300여 명의 항일독립운동 중추인물들을 배출했다.

　　1945년 북경에서 조선학도병위문단을 탈출한 김사량의 마지막 목적지가 바로 이곳이었다. 그는 소설『노마만리』에서 이곳의 풍경과 오지산으로 개황하러 가는 조선의 젊은이들을 잘 묘사했다.

㉖ 태항(太行) 오지산(五指山)

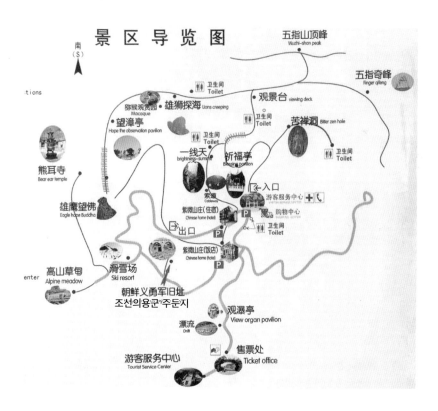

조선의용군 주둔지 및
정율성기념관

자미산장(紫微山莊) 앞
조선의용군 주둔 동굴

왕교지 할머니와 집 안의 조선의용군 거주 동굴집

오지산은 남장촌에서 약 4km 떨어진 곳에 있다. 5개의 봉우리로 둘러싸인 아늑한 산으로, 당시 조선의용군이 1942년부터 개황하여 각종 채소 등을 심어 자급자족 하던 곳이다.

현재 이 산은 경내 전체가 관광지구로 개발되어 입장료를 내야 들어갈 수 있고, 산속에 호텔과 산장이 있어 숙박하기에 좋다. 호텔과 산장 주변에 당시 조선의용군이 개황하며 주둔한 동굴집이 곳곳에 남아 있다. 그리고 그러한 집들 중 하나에 정율성기념관이 조성되어 있고, 기념관에서 더 올라가면 정율성이 묵었다는 동굴집도 남아 있다.

호텔 앞에는 1929년생 왕교지(王巧枝) 할머니가 나고 자란 집이 있는데, 그 집 안에도 조선의용대가 묵었던 동굴집이 있다. 1945년 꽃다운 열여섯 살이던 할머니는 당시 조선의용군 대원들의 사랑을 한몸에 받았고, 아흔이 넘은 나이에도 당시의 상황을 기억하고 이야기해주신다. 2018년까지 건강하신 모습을 확인했으나 현재는 어떠하신지 궁금하다.

오지산 관광지 안에는 레프팅, 유리잔교, 케이블카, 원숭이동물원 등이 있고, 케이블카를 타고 산 정상의 트래킹 코스를 걸어보는 것도 추천한다.

❶ 중국 관내 항일 제 단체 조직 흐름도

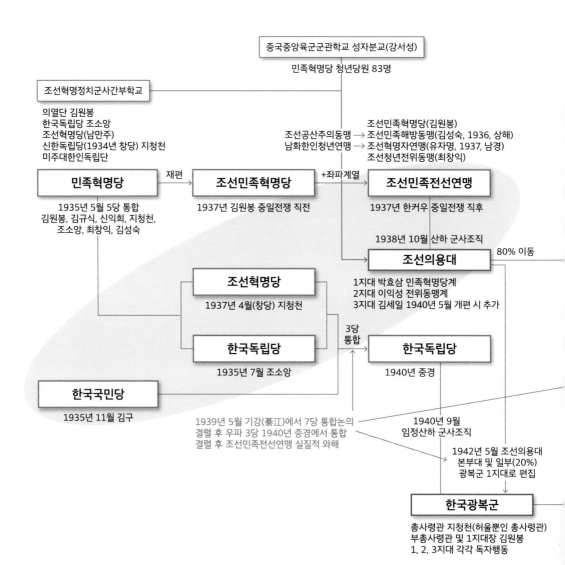

중국중앙육군군관학교 성자분교(강서성)

민족혁명당 청년당원 83명

조선혁명정치군사간부학교

의열단 김원봉
한국독립당 조소앙
조선혁명당(남만주)
신한독립당(1934년 창당) 지청천
미주대한인독립단

조선공산주의동맹 → 조선민족혁명당(김원봉)
남화한인청년연맹 → 조선민족해방동맹(김성숙, 1936, 상해)
　　　　　　　　　조선혁명자연맹(유자명, 1937, 남경)
　　　　　　　　　조선청년전위동맹(최창익)

| 민족혁명당 | 재편 | 조선민족혁명당 | +좌파계열 | 조선민족전선연맹 |

1935년 5월 5당 통합
김원봉, 김규식, 신익희, 지청천,
조소앙, 최창익, 김성숙

1937년 김원봉 중일전쟁 직전

1937년 한커우 중일전쟁 직후

1938년 10월 산하 군사조직

조선의용대　　80% 이동

1지대 박효삼 민족혁명당계
2지대 이익성 전위맹계
3지대 김세일 1940년 5월 개편 시 추가

조선혁명당

1937년 4월(창당) 지청천

한국독립당

1935년 7월 조소앙

3당 통합

한국독립당

1940년 중경

한국국민당

1935년 11월 김구

1939년 5월 기강(綦江)에서 7당 통합논의
결렬 후 우파 3당 1940년 중경에서 통합
결렬 후 조선민족전선연맹 실질적 와해

1940년 9월
임정산하 군사조직

1942년 5월 조선의용대
본부대 및 일부(20%)
광복군 1지대로 편집

한국광복군

총사령관 지청천(허울뿐인 총사령관)
부총사령관 및 1지대장 김원봉
1, 2, 3지대 각각 독자행동

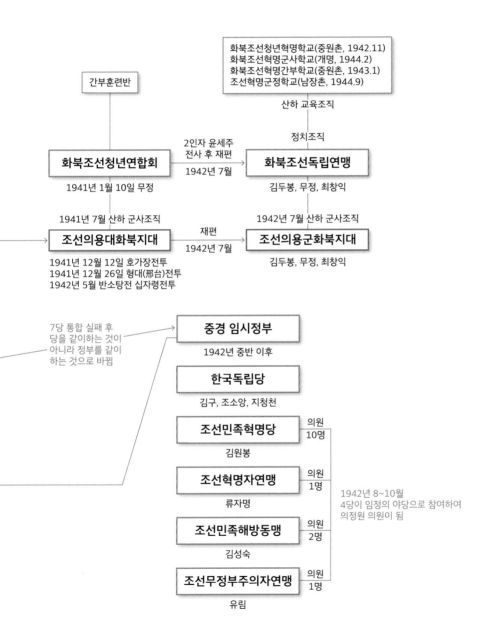

❷ 태항산 항일무장투쟁 연표

1932년 10월 남경에 조선혁명정치군사간부학교 설립. 1935년 9월까지 3년 동안 1기생 26명, 2기생 55명, 3기생 44명 등 125명 배출. 1기생 중 윤세주, 이육사, 2기생 중 정율성

1933년 9월 ~1934년 4월 정율성, 이해 봄 망명 후 남경 의열단 조선혁명정치군사간부학교 2기로 졸업

1935년 7월 민족혁명당 결성, 5당 통합
정율성, 민족혁명당 당무를 보며 남경과 상해(러시아 음악교수 크리노아에게서 일주일에 한 번 성악을 배움)에서 음악 공부

1935년 9월 20일 모택동 부대 홍군, 연안 도착. 약 8천 명 생존

1936년 상해에서 조선민족해방동맹 결성(김성숙, 장지락, 박건웅 등)
정율성, 조선민족해방동맹 가담

1936년 12월 12일 서안사건

1937년 초여름 어느 날 장지락(김산), 님 웨일즈의 동굴집을 찾아가 만남. 이후 스무 번의 만남을 가짐

1937년 7월 7일 중일전쟁 발발, 노구교사건

1937년 7월 30일 일본군, 북경과 천진 점령

1937년 9월 23일 2차 국공합작 성립

1937년 10월	정율성 연안 도착, 상해 구국부녀회 지도자 두군혜의 권유로 연안행 결심 섬북공학(陝北公学, 간부급 인재양성학교, 인민대학의 전신)에서 수학, 1기 졸업
1937년 11월 5일	일본군, 상해 점령
1937년 12월 13일	일본군, 남경 점령. 이후 6주간 난징대학살
1938년 4월	정율성, 연안에서 「연안송」 작곡
1938년 5월	민족혁명당 3차 임시전당대표대회 최창익의 주도로 동북노선 확정. 이 후 실천되지 않음. 전위동맹계를 탈당해 독자적으로 동북노선을 모색했 으나 실패. 김학무의 주도로 조선의용대 창설에 참여하여 제2지대가 됨 정율성, 노신예술학원 음악학부에서 수학, 1기 졸업. 이곳에서 정부은을 '정율성'으로 개명. 그 후 항일군정대학 정치부 선전과에 음악 지도원으 로 배치되어 활동
1938년 7월 4일	한구(汉口)에서 조선청년전시복무단(단장 이건우) 결성
1938년 8월	일본군, 광동성 점령
1938년 10월 2일	중국 국민정부의 조선의용대지도위원회 제1차 회의. 군대의 명칭, 영도 인물 선정, 편제와 경비 문제 등을 논의
1938년 10월 10일	무한에서 중국 관내 최초의 한인 군사조직 조선의용대 창설 곽말약이 영도하는 중국 군사위원회 정치부 제3청에 소속됨 주은래가 공산당을 대표하여 창립식에 참석. '동방 각 민족의 해방을 위 하여 분투하자'라는 제목으로 연설. 곽말약은 시를 읊음
1938년 10월 19일	장지락, 강생(康生)에 의해 일본의 간첩으로 몰려 처형됨
1938년 10월 27일	일본군에 의한 무한 함락

1938년 10월 말	일본군에 의한 무한 함락 직후 조선의용대 본부 계림 칠성공원(七星公園)으로 이동 일부인 조선의용대원 18명, 최창익(동북노선 재주장)의 지도에 따라 서안을 거쳐 연안으로 이동. 항일군정대학에 입교
1939년 1월 10일	정율성, 항일군정대학 근무 당시 중국공산당 입당
1939년 봄	조선의용대 제2지대 호북성 대홍산전투, 김학철 · 김위 참전
1939년 5월	우파 3당, 좌파 4당 간의 7당 통합회의 결렬, 전위동맹(신익희, 김재호)과 해방동맹(김성숙, 박건웅)이 개인통합에 반대하고 퇴장 조선민족전선동맹의 실질적 와해
1939년 10월 10일	조선의용대 1주년 기념식에서 김원봉, 화북북상 주창 및 결의
1939년 11월 11일	중경에서 한국청년전지공작대(战地, 대장 나월환) 결성
1939년 늦가을	조선의용대 2지대 내 중국공산당 지하조직 결성, 당 지부 서기 호철명, 신사군 주둔지 호북성 대홍산(大洪山)에서
1939년 12월	정율성, 태항산으로 이동할 때까지 노신예술학원 음악학부에서 음악을 가르침
1939년 겨울	정율성, 「팔로군행진곡」 작곡. 후일 중국인민해방군 군가
1940년 3월	조선의용대 본부를 중경으로 이동, 3월 16일 김원봉을 포함한 선발대가 계림을 떠나 4월 6일 중경 도착 우파 3당도 중경으로 이동. 우파 3당 통합으로 한국독립당 결성
1940년 7월	연안 조선의용대 일부, 상무촌 도교사찰 홍복사에 최초 주둔(~1942년 2월까지), 상무촌 기념비 및 상영생의 의견
1940년 8월 29일	김학철, 중국공산당 가입
1940년 9월 13일	호남성에서 활동하던 조선의용대 제3지대(김세일) 중경 도착

1940년 9월 17일	중경 한국독립당(김구)의 광복군 창설
1940년 10월부터	국민당의 반공공세 강화, 조선인 좌익계열 포함
1940년 10월 10일	조선의용대 창설 2주년을 맞을 즈음 새로운 활로 모색. 예) 조선의용대 본부의 화북지대 지도력 약화, 같은 지역 중경의 광복군 창설, 국민당의 지지 미약 등
1940년 11월 4일	조선의용대 확대간부회의 개최. 화북 진출 결정
1940년 늦가을	조선의용대 각 지대의 분대들이 낙양으로 집결하기 시작
1941년 1월	환남사변(국민당의 반공공세 중 일어난 사건)
1941년 1월 초	중경에서 조선의용대 북상 대오 출발. 총대부의 윤세주 등 몇몇 요원과 3지대원 40여 명이 민생호에 승선하여 조천문(朝天門) 부두 출발
1941년 1월 10일	연안의 최창익과 연안 항일군정대학에서 수학한 조선의용대 대원 20명, 태항산 산서성 요현(辽县, 현 좌권현) 상무촌으로 이동해 화북조선청년연합회 결성(회장 무정). 대원 전원 최창익계
1941년 3월	낙양 맹진나루 도강작전 시작. 1941년 봄에서 여름 사이 조선의용대 2지대와 3지대가 세 그룹으로 나뉘어 태항산으로 이동 신악, 윤세주, 박효삼, 김학무, 이익성 등 80여 명 화북으로 도강
1941년 6월	태항산에 조선의용대 첫 도착. 박상일 및 기타 기록 태항산 조선의용대 대원 147명 화북조선청년연합회 가입. 회장 무정(在연안), 267선의용대지회 회장 진광화, 부회장 윤세주. 결국 최창익계와 대본부 및 전위동맹 반최창익계의 동북노선이 다른 경로로 다시 합쳐짐
1941년 6월 22일	독일과 소련의 전쟁 시작
1941년 7월	팔로군총부전선사령부 마전 주둔(~1945년 8월 15일) 낙양에서 도강한 마지막 세 번째 그룹, 마전 도착 후 상무촌으로 이동(이화림 포함) 상무촌 도교사찰 홍복사에 최초 주둔(~1942년 2월까지). 박상일 및 기타 기록

1941년 7월 진기로예변구임시참의회 성립. 등소평, 참의회 의원으로 참가. 직접 진기로예변구정부규정인 「우대조선인민규정」 제의

1941년 7월 7일 도강 후 상무촌 홍복사 집결. 대오정비를 위해 1월에 결성한 한화북조선청년연합회와 막 태항산에 집결한 조선의용대를 합쳐 의용대원은 연합회에 가입하고, 조선의용대는 조선의용대화북지대로 개편
지대장 박효삼, 부지대장 이익성, 정치지도원 김학무, 1대장 이익성, 2대장 김세광, 3대장 왕자인

1941년 7월 하순 일본, 독일을 지원하기 위해 프랑스 식민지인 베트남의 남쪽을 공격하여 점령

1941년 7월 7일 ~8월 15일 조선의용대화북지대 활동 준비를 위한 대토론

1941년 8월 15일 조선의용대화북지대 간부훈련반 개설. 상무촌, 하급간부 양성 목적 자체 교육 실시. 이화림 입교, 교장은 화북지대장 박효삼, 정치위원은 최창익, 교관은 최창익, 김학무, 한빈, 윤세주, 진광화, 박무 등

1941년 9월 5일부터 조선의용대화북지대 무장선전활동 시작. 간부급 좌담회와 일반인 대상 연합회, 군중집회 등

1941년 11월 초부터 조선의용대화북지대 무장선전활동 본격 진행. 지대부와 1, 2, 3대, 활동 지역(석가장에서 안양까지 약 300km)

1941년 12월 태평양전쟁 발발

1941년 12월 10일 조선의용대 2지대, 선옹채전투 승리

1941년 12월 12일 호가장전투, 조선의용대화북지대 제2대 29명 중 김세광 대장 총상, 분대장 조열광, 김학철 총상 피체, 박철동 · 손일봉 · 이정순 · 최철호 전사, 장례신 부상

1941년 12월 26일 형대(邢台)전투(읍성전투), 조선의용대화북지대 제3대 왕자인 대장, 대원 황신오 1명 경상

1941년 말 ~1942년 5월	조선의용대 운두저촌 주둔(상무촌에 이어 두 번째 주둔지). 2차 반소탕전까지 주둔. 1941년 말부터 1942년 2월까지 부분적으로 나누어 이동 (朴)
1942년 2월 ~3월 30일	일본군, 태항산 1차 소탕전
1942년 4월	조선의용대, 임시정부 광복군 편입 결의 김두봉, 중경을 떠나 연안에 도착. 조선인 청년들을 모아 군사단체 조직 (한빈, 박효삼+김무정 부대+최창익 조선의용대)
1942년 5월 28일	일본군의 2차 소탕전 3만 명. 십자령전투, 팔로군과 조선의용대화북지대 사령부
1942년 5월	석문촌에 좌권, 윤세주, 진광화의 초장지 조성
1942년 7월 초	조선의용대, 중원촌 주둔
1942년 7월 14일	화북조선청년연합회 제2차 대표대회 개최. 중원촌 화북조선청년연합회를 조선독립동맹으로 개편(정치조직), 위원장 김두봉, 최창익도 참여 조선의용대화북지대를 조선의용군화북지대로 개편(군사조직). 사령관 무정
1942년 8월	정율성, 연안에서 무정을 따라 태항산으로 이동. 더욱 훌륭한 음악을 창작하기 위해 항일전쟁 최전선으로 나아가기로 결정
1942년 10월 10일	석문촌에서 팔로군 총사령관 주덕과 등소평 등의 참석하에 좌권, 윤세주, 진광화 추도식 및 묘지 조성
1942년 10월	당시 신문, 일본 점령지의 한국 청년 81명 중원촌 조선의용군 가입 보도
1942년 11월 1일	화북조선청년혁명학교, 중원촌 청담학교(淸潭学校) 자리
1942년	등소평의 '근거지 건설' 제시에 따라 이후 하남점에 방직공장, 대중병원, 3.1상점, 태항이발관, 합작사 및 오지산 개황 시작

1943년 1월 ○ 조선독립동맹, 중원촌 원정사(元定寺)에서 간부학교의 후신으로 화북조
선혁명간부학교 설립. 교장 무정, 교무주임 김학무, 교육장 정율성(정율
성이 「조선의용군행진곡」을 작곡한 것이 이 시기이며, 후에 조선민주주
의인민공화국의 군가가 된다)

1943년 3월 ○ 조선의용군, 대중병원 설립. 하남점, 이화림, 김위 근무. 1943년 12월
이화림, 연안으로 차출

1943년 4월 ○ 조선독립동맹 및 조선의용군, 중원촌에서 남장촌으로 이전 주둔

1943년 12월 ○ 조선의용대, 간부급인 호철명 파상풍으로 병사. 상무촌의 무명용사 묘가
그의 묘일 가능성이 있다.

1944년 1월 말 ○ 화북조선혁명간부학교 생도들과 조선의용군 주력 대원들이 태항산을
떠나 일본군의 봉쇄선을 뚫고 2천여 리를 행군하여 연안으로 감

1944년 2월 ○ 화북조선청년혁명학교를 '화북조선혁명군사학교'로 개명

1944년 4월 7일 ○ 1월에 출발한 화북조선혁명간부학교 생도들과 조선의용군 대원 연안
도착. 천구촌 주둔. 9월 나가평으로 이동하기까지 약 5개월간 주둔

1944년 4월 ○ 정율성, 태항산에서 연안으로 이동

1944년 여름 ○ 조선의용군 방직공장 설립, 하남점

1944년 9월 ○ 조선혁명군정학교 설립, 남장촌. 교장 무정, 교육장 정율성
조선의용군의 주력이 연안으로 떠난 후 태항산으로 조선인 청년들이 모
여들자 조선의용군 총사령관 무정은 항일 전사를 교육할 목적으로 조선
혁명군정학교를 설립했다. 정식 개교는 1945년 3월이고, 1945년 8월
까지 약 1년간 300여 명을 배출함. 이곳이 김사량의 최종 목적지

1944년 12월 10일 ○ 조선혁명군정학교, 연안 나가평에 교사 완공
6개월간의 악전고투 끝에 500여 무의 황무지를 개간하여 81섬의 곡식
수확. 17채의 움집, 18칸의 보통집을 지음

1945년 2월 5일	조선혁명군정학교 개학식. 교장 김두봉, 부교장 박일우, 학도대장 박효삼, 총무과장 주덕해. 개학식에 주덕 총사령관 참가
1945년 5월	김사량, 조선인 학도병 위문단원으로 북경 파견 시 연안으로 탈출하여 조선의용군에 가담. 도중 석가장에서 호가장전투에 대한 이야기를 들음. 소설 『노마만리』에 기술
1950년 10월	진기로예열사능원, 좌권, 윤세주, 진광화 묘지 이장
1955년	정율성, 「우리는 행복해요(我们多么幸福)」 작곡
1982년 8월 15일	석정 윤세주, 대한민국 건국훈장 독립장 추서 운암 김성숙, 대한민국 건국훈장 국민장 추서
1988년 7월 25일	중국 중앙군사위원회 명령, 「팔로군행진곡」을 중국인민해방군 군가로 공식 지정
1992년 가을	조동걸 국민대 교수, 「조선의용군 유적지 태항산을 찾아서」, 『역사비평』 가을호
1993년 8월 15일	호가장전투 4열사, 대한민국 건국훈장 애국장 추서 진광화, 대한민국 건국훈장 애국장 추서
1996년	국가보훈처가 상무촌에 조선의용군기념비 건립. 비명 '조선의용군 태항산지구 항일전 순국선열 전적비'
2001년 6월	김학철 마지막 한국 방문, 월북문인 해금조치 이후 여덟 번째
2001년 9월 25일	호가장전투, 조선의용대 최후의 분대장 김학철 사망. 십수일을 스스로 굶어 생을 마감
2001년	정율성 일대기, 중국영화 「태양을 향하여(走向太阳)」 제작
2004년	한단시와 경남 밀양시 우호협력 도시관계 체결

2004년 ○ 조선의용군열사기념관 개관(십자령 석문촌)

2005년 8월 10일 ○ 손가정(孫家正) 중국 문화부장, 광주 정율성 생가 방문

2005년 8월 15일 ○ 독립기념관 제작, 다큐멘터리 한국독립운동사(총 15부작)
12부 「잊혀진 독립운동가 태항산의 불꽃, 윤세주」
13부 「태항산의 불꽃, 조선의용대」
특별기획, 「태항산의 불꽃, 조선의용대: 광야에서 들꽃을 만나다」

2005년 10월 4일 ○ 도올 김용옥, EBS다큐 7부 「십자령에 뿌린 의혈」 방영

2005년 10월 5일 ○ 도올 김용옥, EBS다큐 8부 「밀양아리랑」 방영

2006년 2월 28일 ○ MBC, 3.1절 특선 다큐멘터리 「태항산의 불꽃, 조선의용대」 방영

2009년 7월 ○ 하얼빈 '인민음악가 정율성기념관' 개관

2010년 7월 ○ 국가보훈처 '석정 윤세주 열사 기념사업회' 정식 승인

2010년 8월 5일 ○ 김사량·김학철 항일문학비, 호가장 마을 입구에 세워짐

2011년 6월 24일 ○ 독립기념관 내 석정 윤세주 열사 어록비 제막식

2013년 ○ 오지산 조선의용군구지 내 정율성기념관 개관

2013년 7월
25~29일 ○ 신흥무관학교기념사업회 주최, 국가보훈처 후원
'화북지역 항일무장 투쟁지를 찾아서' 답사

2014년 6월 ○ 광주MBC, 제1회 정율성 동요제 개최(이후 매년)

2014년 7월 ○ 중국 시진핑 국가주석, 서울대 강연에서 '정율성' 언급

2014년 9월 ○ 광주MBC, 다큐 「정율성 그 혼의 노래」 방영

2014년 10월 6일	광주MBC, 제1회 정율성 동요 합창 경연대회
2015년 1월 17일	광주MBC, 특집 현장르포 「정율성의 후예들 중국을 가다」 방영
2015년 3월 1일	SBS스페셜, 「나의 할아버지 김학철: 조선의용대 최후의 분대장」 방영
2015년 4월 24일	한단시 섭현과 전남 화순군, 문화교류 MOU 체결
2015년 7월 7일	구국홍 주한 중국대사 부부, 광주 정율성 생가 방문
2015년 7월 22일	영화 「암살」 개봉. 약산 김원봉 재조명
2015년 12월 11일	광주MBC, 다큐 「비운의 천재 음악가, 정율성의 선택」 방영
2016년 6월 24일	정위 중국 문화부 부부장, 광주 정율성 생가 방문
2016년 9월 7일	영화 「밀정」 개봉. 약산 김원봉 재조명
2019년 1월 6일	SBS 신년특집 「의열단의 독립전쟁」 방영
2019년 11월 9일	의열단약산김원봉장군기념사업회 창립
2020년 6월 3일	KBS2 「도올학당 수다승철」 '자유와 행복을 위하여 - 운암 김성숙' 방영
2020년 12월 15일	불교방송, 김성숙 조명 다큐 「조국을 사랑한 대한의 혁명가 운암 김성숙」 다큐 방영
2020년 12월 22일	밀양시, 윤세주의 활약을 그린 뮤지컬 「독립군 아리랑」 다큐멘터리 제작, 한단시와 교류

❸ 국가보훈처 선정 이달의 독립운동가

연도	1월	2월	3월	4월	5월
1992	김상옥	편강렬	손병희	윤봉길	이상룡
1993	최익현	조만식	황병길	노백린	조명하
1994	이원록	임병찬	한용운	양기탁	신팔균
1995	김지섭	최팔용	이종일	민필호	이진무
1996	송종익	신채호	신석구	서재필	신익희
1997	노응규	양기하	박준승	송병조	김창숙
1998	신언준	민긍호	백용성	황병학	김인전
1999	이의준	송계백	유관순	박은식	이범석
2000	유인석	노태준	김병조	이동녕	양진여
2001	기삼연	윤세복	이승훈	유림	안규홍
2002	곽재기	한훈	이필주	김혁	송학선
2003	김호	김중건	유여대	이시영	문일평
2004	허위	김병로	오세창	이강	이애라
2005	최용신	최석순	김복한	이동휘	한성수
2006	류자명	이승희	신홍식	엄항섭	박차정
2007	임치정	김광제, 서상돈	권동진	손정도	조신성
2008	양한묵	문태수	장인환	김성숙	박재혁
2009	우재룡	김도연	홍병기	윤기섭	양근환
2010	방한민	김상덕	차희식	염온동	오광심
2011	신현	구강기	이종훈	조완구	어윤희
2012	이갑	김석진	홍원식	김대지	지복영

* 이달의 독립운동가 총 354명(겹치는 이름은 제외) 중 북경과 하북성의 독립운동가는 15.82%(56명)이며, 붉은 글씨로 구분했다.

6월	7월	8월	9월	10월	11월	12월
지청천	이상재	서일	신규식	이봉창	이회영	나석주
윤세주	나철	남자현	이인영	이장녕	정인보	오동진
백정기	이준	양세봉	안무	조성환	김학규	남궁억
정진홍	전수용	김구	차이석	이강년	이진룡	조병세
유일한	김하락	박상진	홍진	정인승	전명운	정이형
김순애	김영란	박승환	이남규	김약연	정태진	남정각
이원대	김마리아	안희재	장도빈	홍범도	신돌석	이윤재
이은찬	주시경	김홍일	양우조	안중근	강우규	김동식
이종건	김한종	홍범식	오성술	이범윤	장태수	김규식
나창언	김승학	정정화	심훈	유근	민영환	이재명
민종식	안재홍	남상덕	고이허	고광순	신숙	장건상
김경천	채기중	권기옥	김태원	기산도	오강표	최양옥
문양목	권인규	홍학순	최재형	조시원		오의선
김동삼	채응언	안창호	조소앙	김좌진	황현	이상설
곽종석	강진원	박열	현익철	김철	송병선	이명하
이위종	구춘선	정환직	박시창	권득수	주기철	윤동주
김원식	안공근	유동열	윤희순	유동하	남상목	박동완
윤병구	박자혜	박찬익	이종희	안명근	장석천	계봉우
김익상	이광민	이중언	권준	최현배	심남일	백일규
조병준	홍언	이범진	나태섭	김규식	문석봉	김종진
김법린	여준	이만도	김동수	이희승	이석용	현정건

연도	1월	2월	3월	4월	5월
2013	이민화	한상렬	양전백	김붕준	차경신
2014	김도현	구연영	전덕기	**연병호**	방순희
2015	황상규	이수홍	박인호	조지 루이스 쇼	안경신
2016	조희제	한시대	프랭크 윌리엄 스코필드	오영선	문창학
2017	이소응	이태준	권병덕	이상정	방정환
2018	조지 애쉬모어 피치	김규면	박원벽	윤현진	신건식, 오건해
2019	유관순	김마리아	손병희	**안창호**	**김규식**, 김순애
2020	정용기	조지 새넌 맥큔	김세환	**오광선**, 정현숙	유찬희, 유기석, 유기문
2021	김익중, 기우만, 박원영	권쾌복, 유흥수, 배학보	송재만, 이인정, 한운석	김원용, 전경무, 민함나, 심영신	박옥련, 장경례, 박현숙, 장매성

6월	7월	8월	9월	10월	11월	12월
김원국, 김원범	호머 베잘렐 헐버트	강영소	**황학수**	이성구	노병대	**원심창**
백초월	최중호	어네스트 토마스 베델	나월환	한징	이경채	오면직
류인식	송헌주	연기우	이준식	이탁	이설	**문창범**
안승우	이신애	채광묵, 채규대	나중소	나운규	이한응	최수봉
장덕준	조마리	김수민	고운기	채상덕	이근주	김치보
이대위	연미당	김교헌	**최용덕**	현천묵	조경환	유상근
한용운	이동휘	김구	**지청천**	안중근	박은식	윤봉길
임병극	강혜원	**이석영**	채원개	박영희	유도발, 유신영	윤창하
이동환, 이선호, 권오설, 박내원	**박철동, 손일봉, 이정순, 최철호**	송진우, 이길용, **여운형**	로버트 그리어슨, 스탠리 해빌랜드 마틴, 올리버 R. 애비슨	김윤경, 장지영, 권덕규	김봉학, 이건석, 이상철, 홍만식	이종호, 김학만, 최봉준

❹ 숨겨진 독립운동가 정학빈 여사에 대하여

정학빈 여사의 손자인 김상진 회장과의 첫 만남은, 이젠 사라져 추억의 장소가 되어버린 북경 한인타운 왕징의 '부산오뎅바' 벽에 1.5m짜리 북경 단재 루트 지도를 붙여놓은 것에서 시작되었다. 이곳의 김동근 사장님과 사모님의 흔쾌한 동의로 식당과 술집을 겸한 이곳에 교민이 볼 수 있도록 큰 지도를 붙인 것이다.

이곳은 필자가 바로 길 건너에 사시던 단재 신채호 선생의 며느님 이덕남 여사를 모시고 자주 식사를 했던 곳이기도 하고, 독립운동사 연구자이신 박걸순 교수 등 북경에 오시는 많은 분과 자주 들르곤 했던 곳이다.

그러던 어느 날 이곳에서 식사를 하시던 김상진 회장이 본인도 독립운동가의 후손이라며 김동근 사장을 통해 연락을 주셨다. 이를 인연으로 동네 아저씨 취미 생활에 무슨 책까지 내느냐는 필자를 설득하여 이 책을 출판하는 비용까지 후원해 주시게 되었다.

김상진 회장의 회고에 의하면 20여 년 전 상해임시정부 청사를 방문했을 때, 청사 안 전시실에서 우연히 본인의 할머니 사진을 발견하고는 매우 놀랐다고 한다. 하지만 그 사진은 개편되면서 현재 전시실에서 사라지고 없다.

필자가 연구한 정학빈 여사는 1890년생으로 함께 활동했던 대부분의 의열단원보다 나이가 많았고, 김원봉(1898년생), 김성숙보다는 여덟 살이 많았다. 즉, 의열단의 큰누님이었고, 이들과 함께 지도자급으로 활동했다. 북경에 다녀간 자료는 찾지 못했지만 필자가 직접 선정한 북경을 대표하는 독립운동가 10인 중 다섯 명과 직접 활동을 같이했다. 그 10인은 이회영, 신채호, 김창숙, 조성환, 박용만, 김원봉, 류자명, 이육사, 장지락, 김성숙으로, 이들 중 조성환, 김원봉, 류자명, 장지락, 김성숙과 함께한 동지였다.

부산오뎅바에 설치한 단재 루트 지도와 김동근 사장(왼쪽 아래)

필자가 꼽은 북경 독립운동가 10걸
❶ 이회영 ❷ 신채호 ❸ 김창숙 ❹ 조성환 ❺ 박용만
❻ 김원봉 ❼ 류자명 ❽ 이육사 ❾ 장지락 ❿ 김성숙

331

최근 정학빈 여사와 관련된 일본 밀정자료를 번역하다가 새로운 사실을 알게 되었다. 이 밀정자료는 1922년 8월 11일 조선총독부 경무국장이 일본 외무대신에게 보낸 것으로, "1922년 7월 29일 임시정부 및 이승만 옹호파인 민충식이 한형권, 고창일, 윤해 등 공산당원을 프랑스 경찰에 신고했다는 이유로 최찬학, 정유린(본명 정학빈), 박해관 등이 민충식을 구타하자, 민일미라는 자가 단도를 사용해 대항하여 최찬학의 신체에 세 군데 부상을 입혔다. 이에 관련자 네 명이 프랑스 경찰에 체포된 정보가 있다. 이들 등 불령자가 오성륜 도주사건에 관해 방조자라는 의심이 충분하여 프랑스 관헌 역비관(이름)이 사정을 자세히 아는 것과 상관없이 다음 날인 30일 일본 경찰이 신병인도를 교섭하려 하자, 프랑스 관헌은 죄가 없다 하여 석방했다고 한다"라는 내용이 적혀 있었다.

이 내용을 되짚어보면, 1922년 2월 6일 '레닌 모스크바 자금사건'과 관련된 이동휘파 김립이 김구에 의해 암살당한 일이 벌어졌는데, 당시는 임정파와 무장투쟁파가 상해에서 극한 대립을 벌이던 때였다. 이런 와중에 임정파가 공산당원을

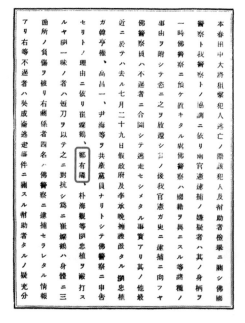

필자가 찾아낸 자료로,
1922년 8월 11일 조선총독부
경무국장이 외무대신에게 보낸
밀정자료 중 정유린 관련 부분

프랑스 경찰에 신고하여 무장투쟁을 주장하던 의열단의 정유린 여사를 비롯한 세 명이 밀고자인 민충식에게 보복을 나선 것으로 해석된다.

또한, 번역 중에 오성륜 도주사건이 등장하는데, 이는 1922년 3월 28일 상해 황포탄에서 있었던 '황포탄의거'를 가리킨 것이다. 당시 이 의거에 의열단원인 오성륜, 김익상, 이종암 의사가 일본 육군대장 다나카를 저격하려다 실패하여 도주했으나 오성륜과 김익상이 피체되었다. 하지만 오성륜은 나가사키 감옥에서 탈옥하여 다시 중국으로 피신했다. 여기에서 '오성륜 도주사건'은 바로 탈옥 후 중국 피신을 가리키는 것이다. 일제는 이 피신 사건에 '정학빈' 등이 연루되어 있다고 확신했고, 신병을 인도받으려고 한 것이다.

즉, 정학빈 여사는 당시 의열단원으로, 나이로는 이들의 큰누님으로 상해에서 열렬히 활동하고 있었다.

참고로 김익상 의사는 한 해 전인 1921년 북경역을 출발하여 남산의 조선총독부에 폭탄을 던지고 일주일 만에 북경으로 귀환한 인물로 가장 신출귀몰한 의열단원 중 한 명이었다.

또한 이 자료가 보고되던 1922년 8월에는 정학빈 여사가 강석훈, 이한호, 박태열, 김성득, 방달성, 박진, 박관해(또는 박해관), 최찬학, 장덕진 등과 연서하여 국민대표회의주비회 후원을 약속하는 선언문을 발표하며 조국의 독립을 위한 민족의 대동단결을 호소하기도 했다.

뒤에 실은 정학빈(鄭學彬, 가명 정유린鄭有燐, 1890~1984) 여사의 약력은 필자가 아직 공개되지 않은 당시 일본의 밀정자료 13건을 보훈처로부터 받아 정리한 것이다. 필자는 일본어를 모르지만 한자를 보고 해독할 수 있는 부분만 정리했다. 필자가 가진 모든 일본어 자료를 해독한다면 더 많은 사실을 밝힐 수 있을 것이다.

이제 필자에게 숙제가 하나 남았다. 아직 건국훈장을 서훈받지 못한 정학빈 여사를 유족과 함께 독립운동가로 인정받도록 하는 것이다. 의열단원의 큰누님으로서 조국 독립을 위해 내디딘 정학빈 여사의 걸음걸이가 세상에 널리 알려지길 바란다.

정학빈 여사 약력

1922년	국민대표회의 준비로 상해 왕래(정유린)
1923년	의열단원이자 조선인청년동맹회원으로 상해에서 활동
1926년	김원봉, 김성숙, 장지락과 함께 유오한국혁명동지회 결성
1927년 5월 8일	운암 김성숙, 정학빈 등 170명이 대한독립당 광동촉성회 조직
1927년 11월 9일	상해 한국유일독립당촉성회 본회의 개최. 북경 조성환, 광동 정유린, 상해 진덕삼, 무창 백덕림, 남경 김수청, 김일주 등 참가
1927년 11월 14일	상해에서 한국유일독립당촉성회 각 지역 대표 연합회 개최, 북경 조성환, 광동 정유린
1927년 개최 월 미상	광동대한독립당촉성회 대표 정학빈, 상해 민국로 침례당 내 한국독립당 각 촉성회 대표연합회 회의
1928년	국치기념선언, 이관수, 정유린, 김기진 3명 연서, 중국본부한인청년동맹 상해지부 집행위원회 명의로 항의문 발표
1929년	상해한인청년단일동맹 발기회 사회자(정유린)
1929년 12월 28일	상해 민국로 침례당에서 상해한인청년단일동맹 창립대회, 준비위원 6인 중 한 명, 규약 초안 작성 2인 중 한 명
1930년 2월 15일 저녁 7시	상해한인청년동맹 창립, 상해선인공산당, 중국본부한인청년동맹 상해지부 대표 김원식(김원봉 추정), 재중국한인청년동맹(재중국청년동맹 제1구 상해지부 대표 정유린, 지부원 약 10명) 상해지부 합병 재중국한인청년동맹(재중청) 제1구 상해지부 활동(정유린), 한위건, 진철산, 안종현 등과 활동

1930년 4월 20일	재중국한인청년동맹(재중청) 간부 정유린, 한위건이 중국공산당 중앙부에 지원 요청, 중국공산당의 정식 지도를 받고 연락을 유지하기로 함
연도 미상	한국독립당관내촉성회연합회 집행위원(정학빈), 광주(广州) 대표
	* 참여단체: 대독립당조직북경촉성회, 한국유일독립당상해촉성회, 대독립당조직광동촉성회, 한국유일독립당무한촉성회, 한국유일독립당남경촉성회
연도 미상	중국본부한인청년동맹 중앙집행위원
연도 미상	상해선인청년동맹 중앙집행위원
연도 미상	남경선인청년회지부 서무부위원 광동 대표

출판에 즈음하여

필자에게는 이 책을 출판하는 세 가지 목표가 있다.

첫째는 향후 한중 정부가 협의하여 북경 독립운동사의 사적으로 밝혀진 장소에 안내 동판을 붙여 여행자들의 이정표로 삼는 일이고, 둘째는 여행사들에게 북경 독립운동사 관련 여행상품을 만들어 일반인이 쉽게 접하고 찾아갈 수 있도록 하는 것이며, 마지막으로 셋째는 동물원 창관루 2층에 '북경독립운동사기념관'을 오픈하는 것이다. 이곳은 필자가 오랜 연구 끝에 기념관의 최적지로 점찍은 곳이다. 동물원 내에 있어 골목 안에 있는 상해임시정부 청사처럼 일반인에게 피해를 줄 일도 없고, 방문자가 동물원의 입장료를 내고 들어가야 하니 중국 정부에서도 싫어할 이유가 없다. 또한 수십 명의 독립운동가들이 무장투쟁의 구심점을 만들기 위해 두 달여 동안 회의를 한 곳으로 북경의 독립운동사를 알리기 위한 상징성 역시 뛰어나다.

하지만 위의 세 가지 일은 필자의 힘만으로는 되지 않는다. 우선 한국 정부와 관계기관이 나서주어야 하고, 중국 정부도 설득해야 한다. 여행상품은 한국의 공무원 연수 등 정기·비정기 답사여행이 이루어지면 여행사들도 동의할 것으로 생각된다.

필자는 수 년 전부터 북경의 대사, 총영사님들과 북경에 오시는 주요 인사분들을 뵙고 직접 제작한 '북경의 독립운동가들' 지도와 함께 이러한 주장을 펼쳐왔다. 이번 책의 출판을 계기로 더 많은 독립운동가 기념사업회들과 정부기관이 나서 주시기를 간절히 바란다.

2021년 4월 28일
저자 박상일

단재 선생 며느님 이덕남 여사와 함께한 노영민 주중국대사 면담 모습 2018-10-24

역사학자 박걸순 교수와 함께 2019-2-28

문희상 국회의장과 함께 2019-5-6

우당 이회영 선생의 손자 이종걸 의원, 장하성 주중국대사와 함께 2019-5-21

사진 왼쪽부터 필자, 김병권 님, 단재신채호선생기념사업회 윤석위 대표, 이상민 선생 2019-8-13